2025年 日本の農業ビジネス

21世紀政策研究所＝編

講談社現代新書

2418

はじめに

まずは、5ページの2つの図表をご覧いただきたい。

これから2030年にかけて、日本で農業を営む農家（販売農家・経営体）がどれほど激減していくかを私の研究室でシミュレーションしたものだ。2015年には138万戸ほどだった農家数が、わずか10年後の2025年にはほぼ半分の72万戸に、そして15年後の2030年には3割にも満たない40万戸にまで減っていく。

稲作を営む農家の減少はさらに凄まじいものとなる。現在、日本の農家の約69％が稲作農家だが、95・2万戸ほどある稲作農家は2025年には37・7万戸に、2030年には10・7万戸と、単純計算で実に10戸中9戸が消えていく計算となる。

これらの数値は、近年のトレンドをベースに、統計的にもっとも生じる可能性の高い数値を挙げたものであり、もちろん予測値に過ぎない。実際の推移はグラフに示した直線と曲線の間を行くと思われるが、私（大泉一貫）は、農業就業者数の変化や彼らの高齢化率、新規就農者の比率などから見て、直線のほうにより近い推移を示すのではないかと考えている。

農家数7割減、稲作農家9割減という予測に対して、日本の農業の行く末を悲観的に思われる方も多いかもしれない。しかし、この「農家減少」の実態を、もう少し詳しく見ていくと、また違った流れが見えてくるのである。

大規模農家は増えていく

7ページ上の図表は、各農家を1戸あたりの農産物販売額で「1000万円未満（小規模）」「1000万〜5000万円未満（中規模）」「5000万円以上（大規模）」の3つのカテゴリーに分類し、各カテゴリーの戸数と、農家全体に占めるシェアとをそれぞれ予測したものだ。5000万円以上の大規模農家の中には「農家」というよりも企業組織のような「経営体」と呼ぶほうがふさわしいものも多い。また、小規模農家はさらに「300万円未満」と「300万〜1000万円未満」とに区分したが、この小規模クラスの85％は300万円未満の農家が占めている。

さて、さきほどの「農家数激減」の予測を、この規模別に当てはめると、非常に興味深い事実が浮かび上がってくる。小規模農家は2015年の125万戸から2030年には30万戸に激減、中規模農家も10万9000戸から7万5000戸程度に減るが、逆に大規模農家（経営体）は1万7000戸から2万1500戸ほどに増える。中規模農家でも3

図表0-1　日本の農家（農業経営体）数の推移と予測

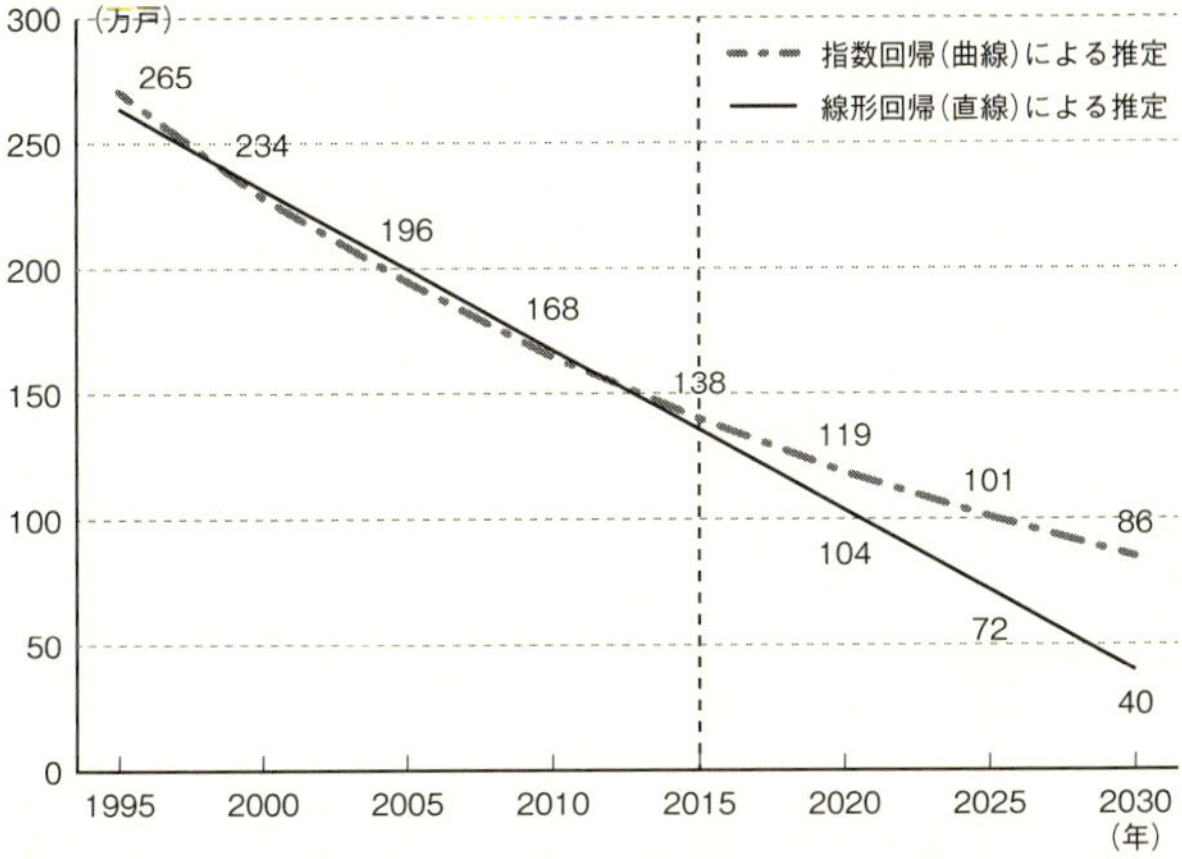

図表0-2　日本の稲作農家（農業経営体）数の推移と予測

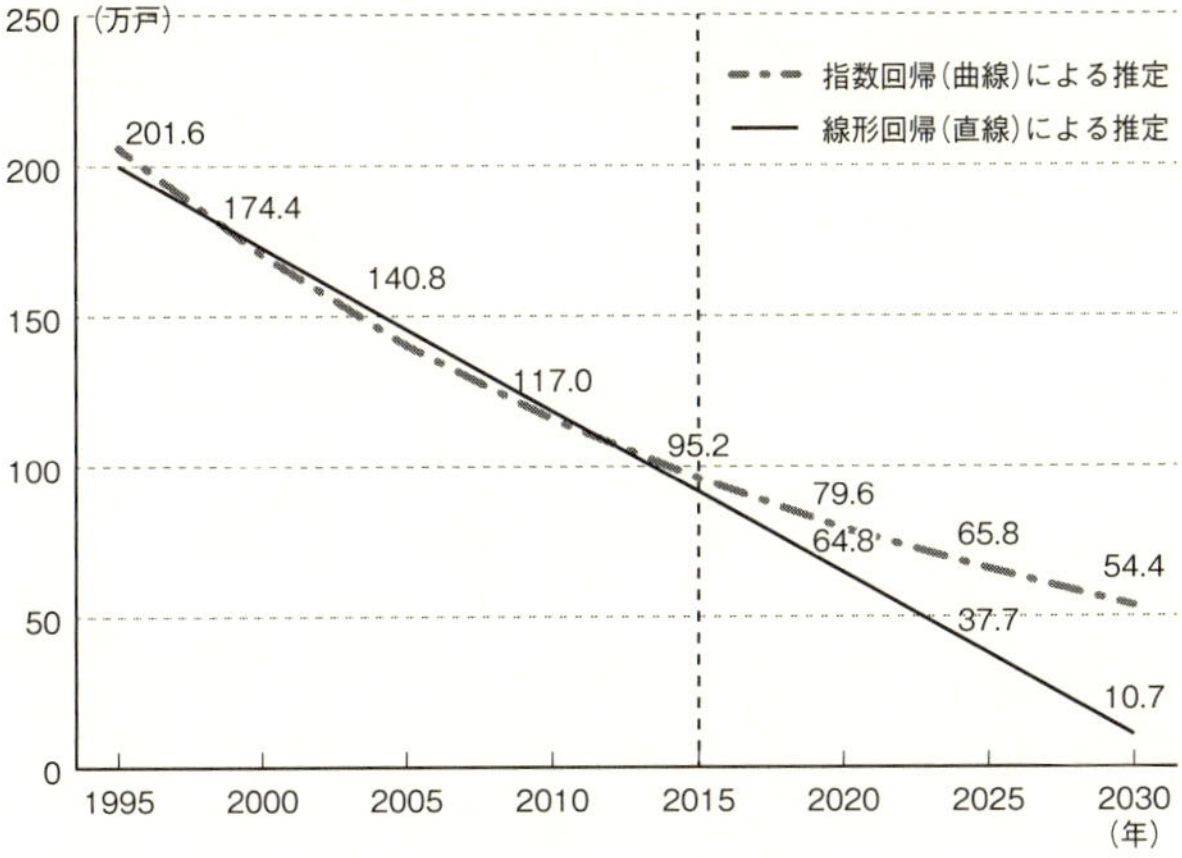

000万〜5000万円クラスの、大規模に近い農家はやはり増加すると予測される。

つまり、一口に農家数が激減するといっても、実際には小規模・零細規模の農家が減るのであり、大規模の農家・経営体はむしろ増えていくのである。

さらに、「小規模」「中規模」「大規模」の農家・経営体をそれぞれ農産物販売額の総額でシェア別に示したのが7ページ下の図表である。小規模農家の総販売額が全体に占めるシェアは、2015年の26%から2030年には1・5%まで減り、そこで失われる金額は2兆2000億円ほどに達する。その一方で、大規模農家・経営体の総販売額は41%から74%まで増え、現在の販売額に換算すると約6兆5000億円増加する。退出する小規模農家の損失分を、大規模農家・経営体が補ってあまりある構造に変わっていく。

この、国内の「小規模農家の減少＝一部農家の大規模化」という現象を、危機ととらえるか、それとも日本の農業が大きく生まれ変わるチャンスととらえるか——実は、ここが大きなポイントなのである。

再び成長産業にするために

私を含め、本書を執筆したメンバーは、後者の立場に立つ。より正確に申し上げるならば、前時代的で弊害の多い農業政策や制度が改善され、グローバル時代の新しい流れに即

図表0-3　農産物販売額の規模別にみた農家（農業経営体）数とシェア

農家の分類	1戸あたり販売額	2015年 戸数	2015年 全体のシェア（%）	2030年 戸数	2030年 全体のシェア（%）	2015～30年 戸数の増減
小規模農家	300万円未満	1,069,082	77.62	290,881	72.98	−778,201
	300万円から1000万円未満	182,637	13.26	10,848	2.72	−171,789
中規模農家	1000万円から5000万円未満	108,547	7.88	75,326	18.90	−33,221
大規模農家（経営体）	5,000万円以上	17,000	1.23	21,513	5.40	4,513
	総農業経営体	1,377,266	100	398,568	100	−978,698

図表0-4　農産物販売額別にみた規模別農家（農業経営体）シェア

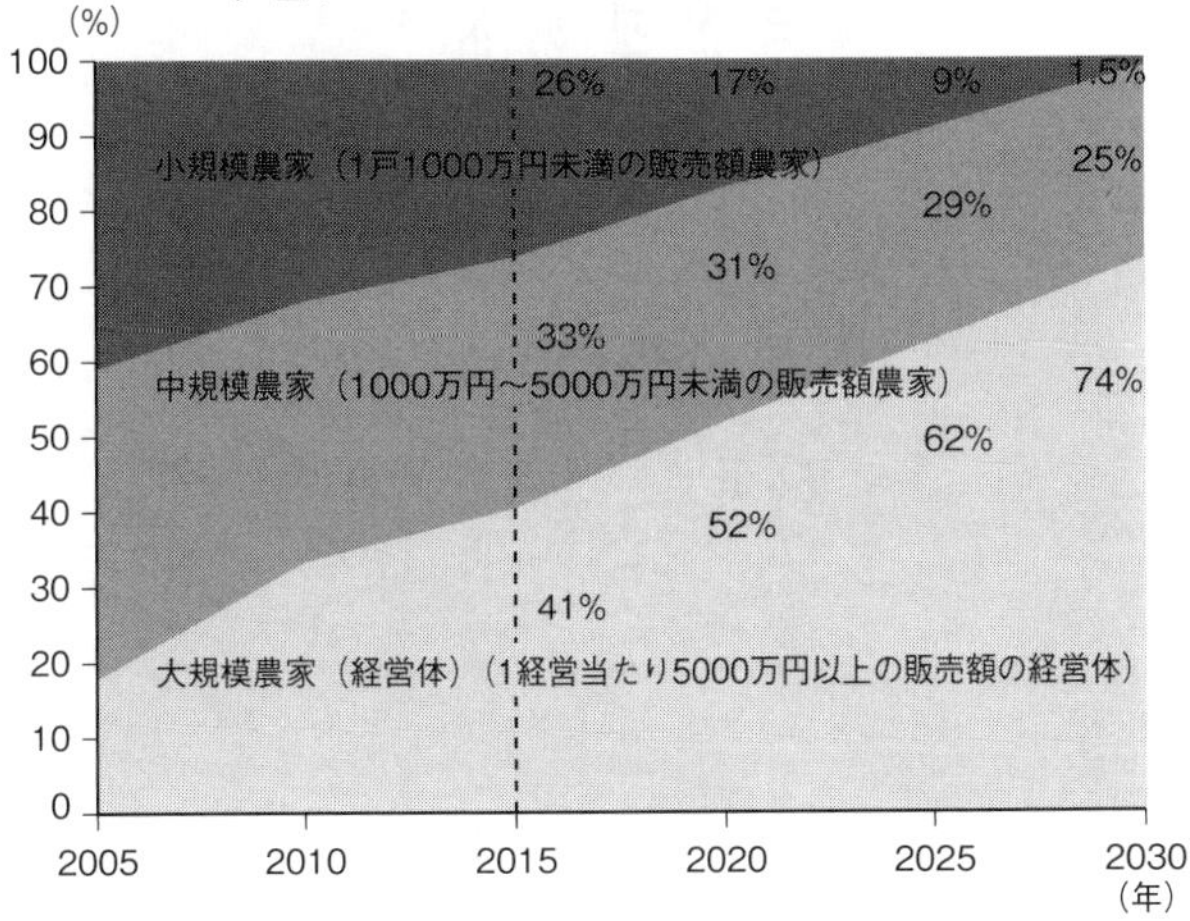

した農家（経営体）のビジネスモデルが構築されれば、日本の農業は必ずや成長産業として復活する、という見方に立っている。農業輸出大国としての素地を整え、自由貿易の時代にふさわしい制度を作り、ビッグデータやICT（情報通信技術）のような最新テクノロジーを駆使した新しい農業ビジネスのモデルを築いて生産性を高める。そして、そのためには何をどう変えていけばいいのかについて、研究者やジャーナリストがそれぞれの関心領域からわかりやすく提言を行ったのが本書である。

具体的な構成としては、第1章は**「外国（農業輸出大国）との比較（日本に欠けているものは何か）」**、第2章は**「自由貿易が日本農業にとってチャンスになる理由」**、第3章は**「テクノロジーが農業を変える未来の姿」**、第4章は**「日本の農業政策はなぜ変わらなければならないのか」**、第5章は**「国家戦略特区で日本農業に構造改革を起こすビジョン」**についてそれぞれ論じ、総括として第6章で**「来るべき日本農業の未来像（フードチェーン農業）」**について語っている。各章の間には、いち早く新しい農業スタイルを採り入れている先進的な農業経営体にスポットをあてたコラムを配した。各章の執筆者については、13ページに記している。

重要なのは、今後日本の農業を担うのは、数にしてわずか10万戸足らずの「中規模農家」「大規模農業経営体」であり、両者の総額で、8兆8000億円ほどの農産物販売額を今後10年、15年ぐらいのうちに9兆円、10兆円に膨らましていけるようなビジネスモデルの創出であるはずだ。

「15ヘクタール限界説」への疑義

さきほど、「前時代的で弊害の多い農業政策や制度が改善され、グローバル時代の新しい流れに即した農家（経営体）のビジネスモデルが構築されれば、日本の農業は必ずや成長産業として復活する」と述べた。この点についても、はじめに私たちの立場をはっきりさせておきたい。

前述したように、日本の農村にはいま、5000万円から1億円規模の販売高を持つ農業経営体が増加し、ビジネス感覚に富む経営者が全国各地に現れつつある。稲作規模で言うと、おおよそ100ヘクタール規模で販売額1億円程度である。

ところが不思議なことに、農業の世界ではつい最近までそういった大規模経営体の出現を絵空事と考えていた節がある。

「稲作は規模拡大してもコストダウンの効果が現れるのは10ヘクタールまでで、それ以上の規模になってもコストは下がらない。したがって、若干の工夫をしたとしても、15〜20ヘクタール程度の稲作経営がわが国にとってはベストな規模だ」

これはある学者の言説だが、学者に限らず、農政官僚や農協関係者まで、つまり農業界全体がこうした「15ヘクタール限界説」とでも言うべき説を支持していた。

実際、農水省の米生産費統計調査という調査では、15ヘクタール未満の規模は7つの階層に区分され、それぞれ丁寧にコストが計算されているのに、それ以上の規模は「15ヘクタール以上」として一括表示されてしまっている。日本農業の可能性はこの「15ヘクタール以上」の農家にあるにもかかわらず、である。

日本の農業界にはこの「15ヘクタール限界説」のような根拠の薄い「俗説」が多い。「日本の農業はどんなに努力をしてもアメリカやオーストラリアにはかなわない」「競争力のない日本農業にとって輸出は不可能な選択肢だ」「関税を撤廃すれば国内農業は壊滅する」「一次産業は必ず衰退する運命にある」……。

こうした言説は、これまで零細農家の保護という名目を正当化するために農水官僚や農協関係者によってしばしば利用されてきた。先の「15ヘクタール限界説」を唱える一部の学者の中にも小農保護、兼業農家維持に傾斜し、自由貿易を推進するための仕組みであるTPP（環太平洋戦略的経済連携協定）に反対を唱える根拠として主張する者も出現するようになっていた。

「零細農家を守れ」「小農を保護せよ」という議論は正論に聞こえるかもしれない。だが、零細農家を守り、小農を保護することが本当に日本の農家や農業を育て、国益を守ることにつながるのだろうか。

本書はあえて、そのタブーに切りこんでいく。

「保護」から「攻める」へ

日本農業の大変革は、少しずつではあるが、先のような俗説を壊し始めている。

2013年から、政府は「攻めの農林水産業」と銘打った農業政策を展開しはじめた。これは、「保護から農業成長産業化」へ転換し、輸出の拡大や法人経営の増加を目指す農政である。生産調整廃止、農協改革など、主要課題を着実に実行し、前進してはいるものの、当時掲げた数値目標（KPI）が可能かというと、一層の努力が求められる状況にある。本書の執筆者たちは、多かれ少なかれ、この「攻めの農林水産業」農政に関わっている。

米価維持、兼業農家維持を主眼としたこれまでの保護農政、私はこれを「稲作偏重農政」と呼んでいるが、この枠の中で農業を行ってきた人々にとっては「農業の成長産業化」や「成長農業」と言われてもなかなか理解できるものではないだろう。農村にはこれまでの保護農政に馴染んだ世論が根強く存在し続けており、新しい農政はそうした農村世論と対峙しながら進まざるを得ず、あるときには政治的軋轢《あつれき》すら生んでいる。

その一方では、本書でこれから述べていくような、従来とは異なったビジネス感覚を持った人々が農業の世界にますます出現し、農村社会のメインストリームに躍り出ることになるだろう。そうした中では、かつて学者がそうであったように、農業の変化を読み違えたり、変化のスピードについていけなくなったり、ということが頻繁に起こるようになる。農家にとって良かれと思ってしたことが、結果として農業発展の足を引っ張っていたり、批判したはずのことが結果的には正しかったり、といったようなことがままあるのだ。

現代の日本はまさに、農業の大変革が始まったばかりの状況にある。ここは過去から農業の未来を予測するのではなく、この10年、15年のうちに確実に起こるであろうと思われる事象を根拠としながら、将来の農業を考えてみる必要がある。

本書のタイトルを『2025年　日本の農業ビジネス』としたのは、そんな我々の思いであり、希望が込められている。

2017年2月

21世紀政策研究所研究会「新しい農業ビジネスを求めて」

研究主幹　大泉一貫

執筆者一覧

第1章　大泉一貫（宮城大学名誉教授・農業経営学者）
第2章　本間正義（東京大学大学院農学生命科学研究科教授・農業経済学者）
第3章　森川博之（東京大学先端科学技術研究センター教授・情報ネットワーク研究者）
第4章　山下一仁（キヤノングローバル戦略研究所研究主幹・農政アナリスト）
第5章　八田達夫（アジア成長研究所所長・経済学者）
第6章　大泉一貫
コラム　青山浩子（農業ジャーナリスト）

目次

1

農業輸出大国への道

日本に足りないものは何か

大泉一貫
（宮城大学名誉教授）

国土が狭くても「農業大国」

「農業大国」という言葉を聞くと、大半の人は広大な国土を持ち、低コストの農産物を大量生産している国々を思い浮かべるのではないだろうか？　そのイメージは、おそらく半分までは正しい。〔図表1－1〕が示すとおり、世界の農産物「産出額」は、3位までを中国、アメリカ、インドが、そして「産出高」では中国、インド、アメリカ、ブラジルが占めているからである。だがこのランキングは、農産物「輸出額」で見るといささか様子が違ってくる。

〔図表1－2〕の右表は農産物の国別輸出額を示したものだ。こちらでも1位のアメリカをはじめ産出大国の国々は登場しているものの、目立っているのは2位オランダ、3位ドイツ、5位フランス、7位スペイン、9位ベルギー、10位イタリアなど、国土が相対的に小さいヨーロッパの国々なのである。

これらの国々の共通項は、自国で穫れた農産物を、高付加価値の食料品に加工して輸出しているという点だ。〔図表1－3〕でも分かるように、輸出上位の欧州諸国の貿易品目には、チーズ、ワイン、蒸留酒、チョコレートといった食品が並んでいる。

これらのなかには、日本でも大いに人気のブランド食料品がいくつもある。

図表1-1　国別農産物産出額及び産出高（2013年）

農産物産出額			農産物産出高		
		億USドル			ベスト10品目数＊
1	中国	12846	1	中国	9
2	アメリカ	3111	2	インド	8
3	インド	2568	3	アメリカ	7
4	ブラジル	2194	3	ブラジル	7
5	インドネシア	1260	5	フランス	5
6	ロシア	969	5	ウクライナ	5
7	トルコ	737	7	ロシア	4
8	フランス	731	7	インドネシア	4
9	日本	711	7	ドイツ	4
10	イラン	698	10	カナダ	3
11	ナイジェリア	666	10	タイ	3
12	ドイツ	593	10	フィリピン	3
13	メキシコ	514	10	ベトナム	3

＊10大原料作物生産量ベスト10に入っている品目数

（出典）FAOSTAT

ベルギーの「ゴディバ」は高級チョコレートの代名詞として世界的な人気があるし、フランスはボルドー地方やブルゴーニュ地方で生産されるワイン、シャンパーニュ地方で生産されるシャンパンが、品質の高さで有名だ。オランダにはゴーダチーズやハイネケンビールがあり、イタリアにもパルマハムやパルメザンチーズといったブランド食品がある。

主要国の農産物輸出額は1970年以降、徐々に増加してきたが、世界がグローバル社会に本格的に突入した2000年頃を境に、急速な上昇カーブを描き始めた〔**図表1－4**〕。

これは、全世界的に中流層・富裕層が増加したのを受けて、欧州各国がブラン

図表1-2　一人あたり農産物産出額及び国別農産物輸出額（2013年）

国民一人あたり農産物産出額			国別農産物輸出額		
		USドル			億USドル
1	ニュージーランド	2494	1	アメリカ	1477
2	ウルグアイ	2051	2	オランダ	909
3	デンマーク	1995	3	ドイツ	840
4	オーストラリア	1763	4	ブラジル	839
5	アイルランド	1690	5	フランス	748
6	パラグアイ	1506	6	中国	465
7	ギリシャ	1424	7	スペイン	457
8	カナダ	1167	8	カナダ	450
9	フランス	1146	9	ベルギー	442
10	スペイン	1075	10	イタリア	433
11	ブラジル	1074	11	インド	425
12	ルーマニア	1026	12	アルゼンチン	401
13	アルゼンチン	1002	13	オーストラリア	378
14	アメリカ	981	14	インドネシア	349
15	トルコ	967	15	タイ	309
16	オーストラリア	949	16	イギリス	293

（出典）FAOSTAT

ド食品の輸出を増やしたことが大いに影響している。

農業国の3類型

もちろんアメリカやブラジル、アルゼンチンなど、農地が広大で産出額の多い国々は同時に輸出大国でもあるのだが、これらの国々が、さきほどの欧州諸国と大きく異なるのは、輸出品目にトウモロコシ、大豆、小麦、鶏肉、豚肉、大豆油、菜種油、大豆粕、コーヒー豆、綿花といった原料農産物が並んでいることだ。

一口に「農業大国」といっても、原料農産物を輸出する国

図表1-3　農産物輸出上位国の農産物輸出入品目（2013年、百万USドル）

	1.アメリカ			2.オランダ			3.ドイツ		
	品目	額	シェア(%)	品目	額	シェア(%)	品目	額	シェア(%)
輸出	大豆	21,494	14.6	その他食品加工品	3,672	4.0	チーズ	4,748	5.7
	小麦	10,543	7.1	チーズ	3,660	4.0	その他食品加工品	4,486	5.3
	トウモロコシ	6,883	4.7	タバコ	3,066	3.4	その他チョコレート製品	4,245	5.1
	綿花	5,589	3.8	食品廃棄物	2,377	2.6	タバコ	3,457	4.1
	骨なし牛肉	4,398	3.0	大豆粕	2,242	2.5	ペストリー	3,044	3.6
	総額	147,722	100	総額	90,945	100	総額	83,966	100
輸入	蒸留酒	7,050	6.2	大豆粕	2,686	4.6	コーヒー生豆	4,170	4.6
	ワイン	5,492	4.8	パーム油	2,543	4.3	チーズ	3,831	4.2
	コーヒー生豆	4,801	4.2	大豆	1,909	3.3	ワイン	3,114	3.4
	ビール大麦	3,909	3.4	その他食品加工品	1,717	2.9	菜種	2,583	2.9
	骨なし牛肉	3,255	2.9	カカオ豆	1,594	2.7	その他食品加工品	2,565	2.8
	総額	113,690	100	総額	58,501	100	総額	90,628	100

	4.ブラジル			5.フランス			6.中国		
	品目	額	シェア(%)	品目	額	シェア(%)	品目	額	シェア(%)
輸出	大豆	22,812	27.2	ワイン	10,349	13.8	その他食品加工品	3,042	6.5
	原料糖	9,164	10.9	小麦	6,155	8.2	その他果物加工品	2,062	4.4
	鶏肉	7,004	8.3	蒸留酒	4,862	6.5	その他野菜加工品	1,657	3.6
	大豆粕	6,787	8.1	チーズ	3,583	4.8	ニンニク	1,397	3.0
	トウモロコシ	6,308	7.5	トウモロコシ	2,613	3.5	鶏肉	1,296	2.8
	総額	83,945	100	総額	74,804	100	総額	46,494	100
輸入	小麦	2,415	21.2	その他食品加工品	2,242	3.9	大豆	38,009	32.9
	天然ゴム	585	5.1	その他チョコレート製品	1,889	3.3	綿花	8,441	7.3
	麦芽	527	4.6	ペストリー	1,834	3.2	天然ゴム	5,759	5.0
	その他食品加工品	447	3.9	焙煎コーヒー	1,725	3.0	パーム油	4,904	4.3
	オリーブ油	377	3.3	タバコ	1,711	3.0	牛皮	2,825	2.4
	総額	11,392	100	総額	57,255	100	総額	115,388	100

	7.スペイン			8.カナダ			21.デンマーク		
	品目	額	シェア(%)	品目	額	シェア(%)	品目	額	シェア(%)
輸出	ワイン	3,390	7.4	小麦	6,549	14.6	骨付き豚肉	1,806	9.0
	オリーブオイル	2,957	6.5	菜種	4,199	9.3	その他食品加工品	1,710	8.5
	骨付き豚肉	1,870	4.1	菜種油	2,755	6.1	骨なし豚肉	1,591	7.9
	マンダリンオレンジ	1,704	3.7	骨なし豚肉	2,188	4.9	チーズ	1,556	7.7
	オレンジ	1,470	3.2	大豆	1,896	4.2	食品廃棄物	372	1.8
	総額	45,724	100	総額	44,982	100	総額	20,157	100
輸入	大豆	1,919	6.1	その他食品加工品	2,430	7.3	大豆粕	820	6.7
	トウモロコシ	1,674	5.3	ワイン	2,026	6.1	ワイン	724	6.0
	タバコ	1,228	3.9	骨なし牛肉	967	2.9	その他食品加工品	582	4.8
	蒸留酒	1,213	3.8	その他チョコレート製品	909	2.7	骨なし牛肉	501	4.1
	その他食品加工品	1,199	3.8	蒸留酒	791	2.4	チーズ	355	2.9
	総額	31,718	100	総額	33,267	100	総額	12,150	100

（出典）FAOSTAT

図表1-4　主要国の農産物輸出額の推移

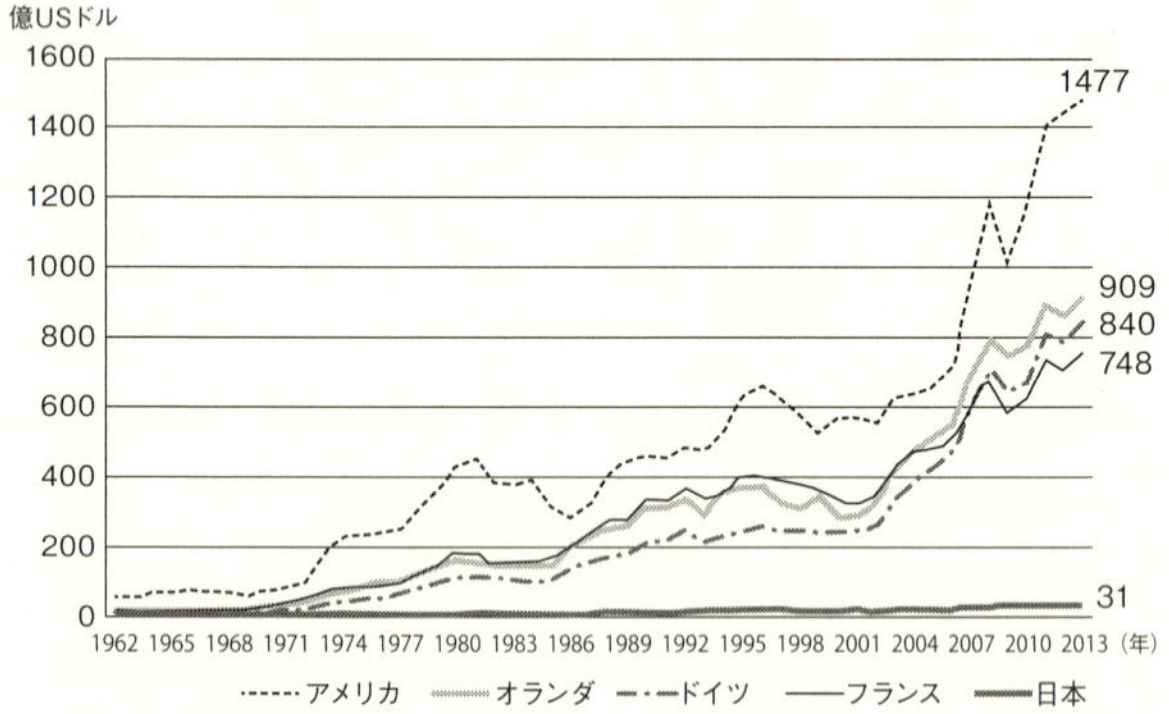

（出典）FAOSTAT

と、食品や加工農産物を輸出する国とに分かれるのである。

以上のことから、世界の農業生産は3タイプへの分類が可能だ。1つめのタイプは、原料農産物を作り、自国民への食糧供給を最優先する「開発途上国型農業」。2つめは、経済発展とともに原料穀物の過剰生産に陥り、それを輸出に振り向けることで解決策を見出してきたアメリカなどの「新大陸先進国型農業」。そして最後の3つめとして、市場のニーズをとらえて商品開発を行い、食品加工業と連携することで農産物の付加価値を高め、市場開拓してきた「成熟先進国型農業」である〔**図表1－5**〕。

これまではアメリカや開発途上国のような、大量に原料農産物を生産する国だけが農業大国と見なされてきたが、近年では、食品や農

図表1-5　世界の農業生産の型

1	開発途上国型農業	BRICS
	自国の国民を養うことが第一の課題。食糧問題が生じやすい。原料としての農産物生産が中心	
2	新大陸先進国型農業	新大陸諸国
	原料農産物の過剰生産から輸出へ転換、輸出目的の農業。労働生産性が高く、世界市場開拓が大事 注）ブラジルが近年新大陸型に移りつつある	
3	成熟先進国型農業	旧大陸諸国（ヨーロッパの国々）
	付加価値の高い農産物の輸出力を持つ。商品開発・市場開発力のある農業。とりわけ2000年以降顕著に	

産加工品を輸出する「成熟先進国型農業」を行う国々も農業大国の仲間入りをするようになっている。

残念なことに、日本はこの3類型のいずれにも属していない。しかし、だからといって「成熟先進国型農業」に属するオランダやベルギーが、日本や他のタイプの農業国とまったく異なる特殊な農業を行っているのかというとそんなことはない。

これらの国にしても、生産している農産物の品目を見ると、小麦、牛乳、甜菜《てんさい》、ジャガイモ、大麦といった、付加価値の低い原料となる農産物の生産が中心なのだ【図表1－6】。

日本の場合、主食であるコメを欧州各国にとっての小麦に置き換えて考える必要はあるものの、いずれの国も原料農産物の生産をメインとするオーソドックスな農業を土台にしている事実に変わりはない。

それでいながら、これらヨーロッパの「成熟先進国

図表1-6　成熟先進国型農業国と日本の農業生産品目（2013年、万t）

フランス		ドイツ		オランダ	
小麦	3861	牛乳	3112	牛乳	1221
てんさい	3361	小麦	2502	ジャガイモ	658
牛乳	2371	てんさい	2283	てんさい	573
トウモロコシ	1503	大麦	1034	骨付き豚肉	210
大麦	1032	ジャガイモ	967	乾燥たまねぎ	131
ジャガイモ	695	菜種	578	鶏肉	93
ブドウ	552	ライ麦	469	トマト	86
菜種	437	骨付き豚肉	449	鶏卵	70
骨付き豚肉	215	トウモロコシ	439	ニンジン類	56
ライ小麦	203	ライ小麦	261	キュウリ類	40

デンマーク		日本			
牛乳	510	水稲	1076	乾燥タマネギ	107
小麦	415	生乳	751	サツマイモ	94
大麦	395	てんさい	344	ミカン	90
てんさい	199	その他自然野菜	277	トマト	75
骨付き豚肉	179	鶏卵	252	リンゴ	74
ジャガイモ	165	ジャガイモ	241	ニンジン類	60
菜種	69	キャベツ類	236	キュウリ類	57
ライ麦	53	鶏肉	145	レタス類	57
鶏肉	17	骨付き豚肉	131	ネギ類	55
骨付き牛肉	13	サトウキビ	119	骨付き牛肉	50

（出典）FAOSTAT

型」の農業国は、原料生産偏重の農業からの脱却を果たし、自国の風土や気候を活かした食品を製造・輸出することで外貨を獲得しているのである。

もはや「食」と「農」は密接不可分な融合産業

もっとも、食品や農産加工品を農産物輸出の主力とする見方に対して、「食品は農産物じゃないだろう」と違和感を覚える人も多いことだろう。

たしかに産業分類上、農業

と食品産業はそれぞれ別の業種として扱われている。ただ、そうはいっても、農産物だって食品であることは間違いない。ワイン、ソーセージ、ハム、チーズなどにしても、いずれも原料は農産物であり、西洋ではもともと農家の副業として製造され、農業の営みと密接不可分の関係にあった。納豆や味噌、醬油といった日本の伝統的食品にしても、実は似たような経緯で生まれたものだ。

一見異なる産業が密接不可分なものへと融合していくのは、企業の成長プロセスではしばしば見られることだ。たとえばコンビニエンスストアはもともと流通業として誕生したが、近年になって店舗内に銀行の端末が置かれるようになり、コンビニを金融機関として利用する人も出てきた。もはやコンビニを単純に流通業であるとは言えなくなっている。

これは「産業融合」と言われる現象であり、企業はその成長プロセスを通じて、多角化や産業融合を推し進めることが多い。高付加価値化を求めて成長する企業には、産業を超えて事業領域を拡大していく性質があり、これは食品業界においても例外ではない。

食品流通業や外食産業、食品加工メーカーが農業生産に打って出るケースや、逆に農家が農家レストランや農産物販売などといったサービス業に進出するケースなどはまさにこれに当たる。農業と食品産業、農産物と食品を別のものと考える必然性は徐々に薄れているということだ。

現在、主要国間の貿易では関税などの処理を行うために商品の名称・分類を世界的に統一した「ＨＳ」（＝「統計品目番号」Harmonized Commodity Description Coding System）という6桁のコードが使われているが、実はこのコードでは動植物そのものや、動植物に起源を持つ食品は全て「農産物」に分類されている。このコードは今ではＦＡＯ（国連食糧農業機関）の統計でも準用されており、もはや貿易の世界では、農産加工品や食品を「農産物」と呼ぶことへの違和感はほぼ払拭されているのである。

世界、とりわけヨーロッパのような伝統ある農業国では、食品を農産物ととらえ、農業も食品産業の一環ととらえる潮流がある。同時に、農産物生産から加工、流通までを一連の経済プロセスととらえる傾向も強まっている。ここが大変重要な点だ。

筆者は、食と農の連携をベースとした食品製造の一連のプロセスを具体的なビジネスシステムに落とし込んだものを「フードチェーン」と呼んでいる。そしてフードチェーンには、日本の農業の未来を考えるためのヒントがふんだんに隠されていると考えている。

なお、この「フードチェーン」というネーミングは、ビジネス界では「バリューチェーン」（価値増殖連鎖＝原材料の調達から製品が顧客に届くまでの企業活動を機能ごとに分類し、どの部分で付加価値が生み出されているかなどを分析する概念）と呼ばれているものだ。したがって、厳密には「フードバリューチェーン」と呼ぶべきだが、名前が長いので単に「フードチェーン」としている。これは価値の増殖という面に加えて、そのための機能や関係者間の「連携」に重点を置いているためである。

卸売市場が消えたオランダ

フードチェーンを作るには、農業と食品製造との垣根はなるべく低いほうがよい。農産物輸出高世界2位であるオランダのフードチェーン農業は、同国で1990年代に起きた「流通改革」によってスタートしたが、この改革の目的も、両者の垣根を低くすることにあった。

90年代半ばまで、オランダの青果物は各地にある産地卸売市場で「競《せ》り」によって取引され、小規模な青果店、果物店で売られていた。今の日本にとても近い形といえる。かつては日本のどの町にも八百屋があったのと同様、EUにも小さな青果店や果物店が軒を並べ、卸売市場で競り落とした農産物を売っていた。卸売市場は相場変動もあり、天候によって入荷量も変動するが、八百屋は仕入れたものだけを売っていればよく、「今日はトマトはないよ」と言えば客も納得していた。

しかし今日のオランダでは、国中どこを探しても青果物の卸売市場は存在しない。引き金を引いたのは農産物を扱う大手量販店の大型化・寡占化である。こうした量販店は、

「今日はトマトはないよ」と言っていては競争に負けてしまうため、どうにかして安定調達を求めようとした。だが競り主体の卸売市場では安定調達が難しい。そこで量販店が大規模経営農家や生産者グループと直接話し合い、数量や価格を決めた「契約取引」を行うようになった。この過程で生産者たちは、しだいに卸売市場に出荷しなくなっていった。

卸売市場の衰退にはもうひとつの理由もあった。大手量販店同士の競争が激しくなるにつれて、どこの店も「他の小売店の商品とは違うこだわった青果物」を探し、プライベートブランドとして販売するようになった。一方、卸売市場に集まってくる農産物は、どんな小売店でも取り扱いやすい、つまり汎用性の高い（裏を返せば没個性的な）ものばかりだったために、量販店のニーズに対応できなかったのだ。

生産者には生産者の、小売業者には小売業者の都合があって両者の折り合いを付けるのは困難なことだったが、両者をつなぐ役割を誰かが果たさなくてはならない状況にあった。そこで始まったのが、卸売市場の改革を中心とする流通改革だったのである。

卸売市場が自ら始めた構造改革（１９８０年に55ヵ所あった市場を合併によって90年に28ヵ所にまで減らすなどした）は根本的な解決にならなかった。そんなさなかの96年に大きな出来事が起こる。９つの卸売市場と輸出業者が協同組合組織「グリーナリー」（The Greenery）を新たに組織するのである。

図表1-7　オランダ、90年代からの挑戦＝顧客ニーズへの対応で流通改革（双方向の情報流）

The Greenery（野菜園芸）、Vion（肉畜）、Royal Friesland Campina（酪農）

グリーナリーのフードチェーン

The Greenery：集荷・パッキング、輸出入等を総合的に行う会社。
農家の出資団体。生産物販売会社、販売委託。集荷・販売、生産状況の
情報収集・予測、戦略的な販売網の構築。生産者へ情報をフィードバック。

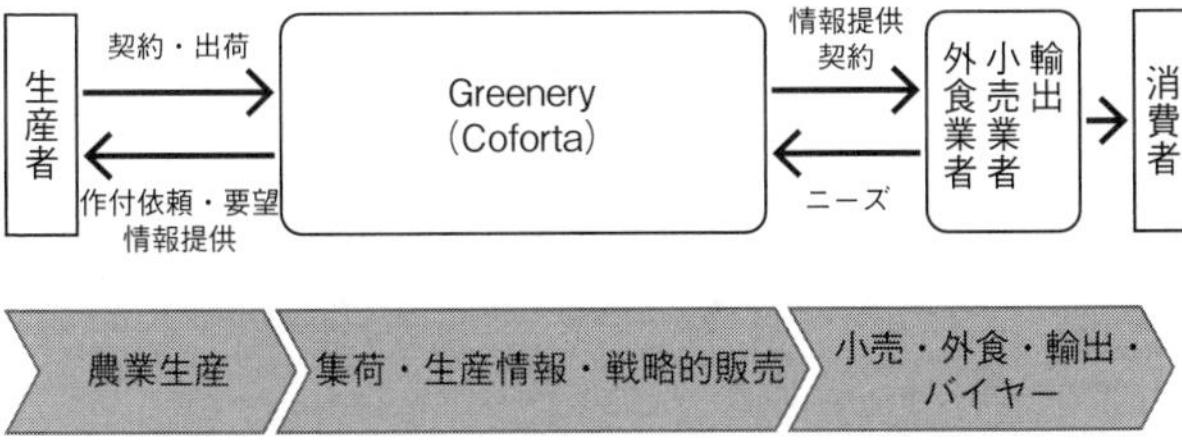

卸の役割が重要になっている。
オランダの生鮮食品の卸小売比率は1.5（日本1.4）と高い

この組織の革新性は、生産者が出荷したものをそのまま右から左に流通させる従来のやり方を改め、大手量販店にどんな農産物がどの時期にどれくらいの量必要なのかを聞き、生産者にその情報を流し、両者のコーディネートを行った点にある。まさにフードチェーンの担い手として生まれ変わったと言えよう。

こうしたイノベーションによって、グリーナリーは取引先を世界60ヵ国以上の小売店へと拡大。今や野菜、果物の取り扱いで世界10位という巨大企業へ成長を遂げている。

「作りやすい」から「求められる」へ

グリーナリーでは生産者にオファーを出し、契約によって直接農産物を買い取り、自

社流通ルートにのせて取引先に価格・ロットとも安定的に販売するというシステムを構築している〔図表1-7〕。さらに集荷、販売の状況をみながら、情報を逐一生産者に還元している。生産者側はこの情報を、品質向上、新商品開発などの参考にする。

グリーナリーの登場は、流通側だけでなく生産現場にもイノベーションをもたらした。これまでの生産者は土地条件や自然条件、あるいは自分の技術レベルに合わせて「作りやすい農産物」を作ってきたが、今ではグリーナリーから提供される情報によって生産する品目、品種、面積を決めるというようになった。つまり売る側や食べる側のニーズや要望、トレンドを反映した「食べる人が求める農産物」作りに転換されたのである。

さらに個々の生産者は、小売店の寡占化に対応するために生産者組織を形成し、ロットをまとめて出荷する体制を整えた。生産者側の論理を重視した、いわゆる「プロダクトアウト型」から、市場・消費者に重点を置く「マーケットイン型」の生産・流通一体システムに転換していったのだ。その結果、卸売市場での競り中心の取引は事実上姿を消し、複数の生産者で構成される生産者組織がグリーナリーのような流通組織に出荷し、そこから小売店や製造業者、外食業者らに販売される青果物流通システムに移行したのである。

こうした「流通改革」は青果にとどまらず酪農や肉畜の分野でも進んだ。園芸ではグリーナリーが改革の担い手だったが、酪農ではロイヤル・フリースランド・カンピーナ社

(Royal Friesland Campina)、肉畜ではヴィオン社（Vion）がそれぞれ主役となって同様の改革が進められた。

日本でも、卸売市場での競りを介さず、生産者と小売店が相対で取引するやり方は増えているし、大手量販店や外食業者のような実需者が市場外の業者から調達する市場外流通も拡大しており、卸売市場は徐々に形骸化しつつある。しかしそれでもグリーナリーのように、大胆に流通を革新させるほどの動きにはなっていない。

ＩＴ化は流通革命の必須条件

先ほど筆者は、「オランダには青果物の卸売市場がなくなった」と書いたが、現在も卸売市場が残っている数少ない品目が花卉《かき》（観賞用植物）である。

アムステルダムやウェストランドといった都市には花卉市場がまだ存在しており、特にアムステルダム・スキポール空港のすぐそばには、「フローラホランド」という花専門の花卉卸売市場としては世界最大規模のマーケットがある。

ここは約４７００もの国内花卉生産者を組合員とする協同組合だが、世界中から集まってきた花が競りにかけられ、再び世界各国に輸出されている。オランダは全世界の花の52%を取引している花卉大国だが、その大半をフローラホランドが取り扱っているため、世界中の花の価格はここで決まるというほどの影響力を持つ。これもまたフードチェーンの一つの形であると言える。

フローラホランドの近くには、大手輸出業者が15社ほど控えており、その一社であるアントン・スパーガーレン社（Anton Spaargaren）は切り花の20〜30％を日本に輸出している。品目はアジサイ、ヒヤシンス、アマリリスなどだ（オランダの花といえばチューリップがすぐに思い浮かぶが、日本にはオランダ産より安いベトナム産、中国産のチューリップが多く出回っており、オランダからの輸出は減っているという）。

青果の卸売市場は姿を消し、グリーナリーのような流通会社にとって代わられたが、種類が膨大な花を短時間でさばくには競りは依然として有効であり、花卉卸売市場は立派に機能を果たしている。

しかし改革は、この世界最大の花卉卸売市場でも着実に進んでいる。

実はフローラホランドは、世界で最も早くＩＴ化を果たした卸売市場である。巨大な市場には競り人は存在せず、大きな時計のような競り情報板（クロックオークション）が前面のボードに掲げられ、ベルトコンベヤーに乗って流れてくる花を見て仲買人がボタンを押すと、結果がボードに表示される仕組みだ。こうした競り部屋が38もある。

ベルトコンベヤーがバックヤードに回ると、そこにはもうトラックが待っていて、競り落とした仲買業者が運んでいく。競った切り花の80％はＥＵ以外に輸出される。

デンマークのマーケットイン農業

北欧デンマークには、デーニッシュクラウン社（Danish Crown）とアーラフーズ社（Arla Foods）というグローバルに事業展開をする二つの食品企業がある。デーニッシュクラウンは豚肉の、アーラフーズは乳業の加工・輸出会社だが、両社ともに農業協同組合という性格を持っているのが特徴だ。生産者から出荷された農産物は原則的に全量を買い取る契約を結んでおり、さらに利益が出れば、配当という形で生産者に利益還元も行う。

デーニッシュクラウンは豚のと畜、豚肉加工、販売、輸出にいたるまでの事業を一貫して行っており、豚肉輸出量では世界第2位のシェアを持っている。

デーニッシュクラウンと養豚家、そして実需者間の代金のやりとりは、豚価と配当金からなる〔図表1－8〕。農家からの買取価格は、ドイツなど近隣国の市場価格を参考にしながら、最大限の利益を農家に還元できるだけの価格で引き取り、毎週改定している。また、年間の利益の中から一部は農家に利用高配当として還元し、一部は投資に回している。農家への融資も行っているが、金利は低く抑えている。

もう一方のアーラフーズは世界第7位の乳業メーカーだが、もともとは19世紀末頃にデ

図表1-8　デーニッシュクラウンの商品とお金の流れ

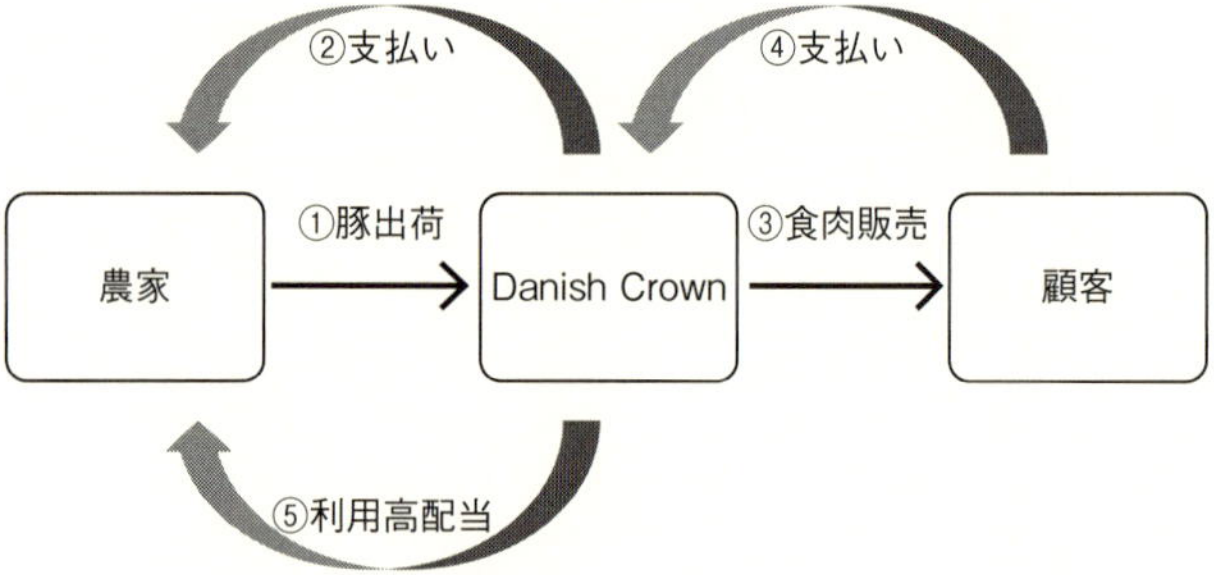

ンマークで生産者が設立した協同組合のひとつだった。それが統廃合を繰り返し、１９７０年にデンマーク最大の酪農・乳業組合である「ＭＤフーズ」が誕生した。さらにそれが２０００年、隣国スウェーデンで最大の組合であるアーラ社と統合し、国境を越えた組織として生まれ変わった。

その後も世界各国の乳業メーカーを買収したり、ジョイントベンチャーを設立したりしながら国を超えて拡大してきた。組合員はデンマーク、スウェーデン、ドイツ、ベルギー、ルクセンブルク、オランダ、イギリスの７ヵ国・約１万４０００人におよぶ。生乳や乳製品は１００ヵ国以上に輸出している。

アーラフーズでもデーニッシュクラウンと同様、農家が出荷した生乳は全量同社が買い取る義務がある。生乳価格はプール計算して組合員に支払う。乳価は国際乳価などを考慮して年間に数度変わる。その上で年末に調整し、利用高配当を行っている。

ベストカテゴリー戦略

デーニッシュクラウンやアーラフーズのようなフードチェーンの基本戦略は、世界中のマーケットを徹底調査し、組合員の作った原料に付加価値をつけて全てを売り切る——というもので、「ベストカテゴリー戦略」と呼ばれている。

たとえばデーニッシュクラウンやアーラフーズでは、高品質な精肉は日本向け、内臓は中国向けといった具合に、国によって好まれる部位やカットの仕方を変えている。国ごとの商品ニーズを徹底的にマーケティングし、きめ細かく市場に対応しているのだ。

一方でデンマークの畜産農家や酪農家にも、食品企業の戦略に沿った農産物生産が要求される。つまりマーケットインの体制づくりである。

これが日本国内ではどのような現状かというと、酪農家と乳業メーカーに利害関係が生まれるのは価格交渉の時だけだ。生産者が乳業メーカーの経営に関与することもなければ、乳業メーカーの側も生産者の利益を最重要視するわけではなく、チェーンがつながっていない。

その点デンマークでは、マーケット情報がすぐにでも農家に反映され、農家がどのよう

図表1-9　デンマークのフードチェーン（双方向の情報流）

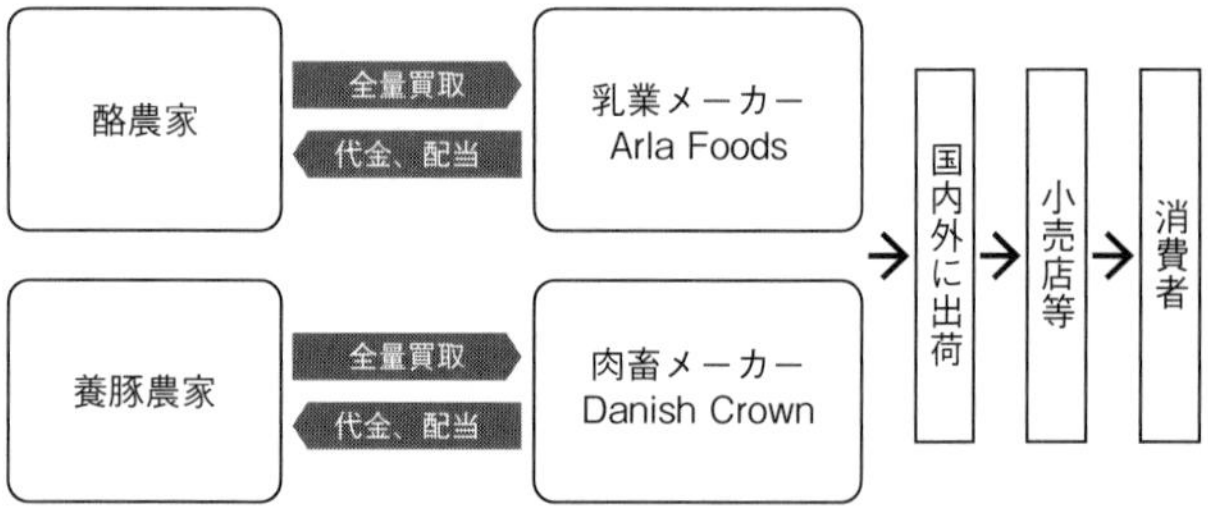

・オランダとの違いは、水平分業ではなく、食肉加工業による農家の統合が見られる点
・農家とメーカーとの関係は一体的で、日本の農商工連携より密接

な商品を作れば良いのかが明瞭に指示され、それに対応する飼養技術の研究・開発や農家への技術指導も行われるため、高い生産性を確保している〔図表1-9〕。とくにデーニッシュクラウンの競争力は、マーケットインと目的意識を持った技術指導を要諦とするフードチェーンによって担保されていると言ってよい。

　EUの酪農の生産性自体は、日本とさほど変わらない。それでもアーラフーズが国際競争力を持っているのは、戦略的な市場開発や商品開発、多角化が成功しており、農家もまた、そのアーラフーズのフードチェーンに参加することによって存立条件を確保しているからである。

　実はアーラフーズが酪農家から買い取る乳

価は日本の半値以下と安い。しかし、それにもかかわらず、同社にはミルクマーケティングボード（イギリスに94年まで存在した生乳生産者組織。国内の生乳生産を一元的に集荷・販売する権限を国から与えられていた）が解体されたイギリスの酪農家も参加している。彼らにとっては、一連のフードチェーンに参加することで販売網を獲得し最新技術や情報を得る方が、高い乳価以上にメリットがあるからだろう。

「クラスター」による農業イノベーション

ところで一般に顧客のニーズというものは、時間の経過とともにさらにハイレベルな商品を欲するようになるのが普通である。

したがって農家にとってはいつの時代も、ハイレベルな顧客ニーズにどう対応するかが課題となる。マーケットインの体制が整備されればされるほど、生産性でも商品開発でも絶えざるイノベーションを強いられることになるのだ。

また、経営を拡大していくには投資も必要だし、人を雇用する必要もあるので、資金調達力や労務管理力を備えなければならない。だが現実には、こうした諸々の技能を生産者が単独でカバーするのは難しい。この点に関してデンマークでは、食品メーカーが自ら研究開発機関を持ち、生産者の技術支援やコンサルティング活動を行うことでカバーしている。

図表1-10　オランダが選んだ「トップセクター」9分野

1	農業・食品（Agriculture & Food）
2	ハイテク（High Tech）
3	施設園芸・種苗（Horticulture & Starting Materials）
4	物流（Logistics）
5	ライフサイエンス・健康（Life Science & Health）
6	水（Water）
7	化学工業（Chemical Industry）
8	エネルギー（Energy）
9	クリエイティブ産業（Creative Industries）

またオランダでは、農業と関連が深いさまざまな企業が「クラスター」を形成することで農家の技術支援を行っている。クラスター（英語で「集団」「群れ」の意味）とは、企業や研究機関、自治体などが地理的に集まり相互に連携し、場合によっては競争を通じて、新たな付加価値を作り出していく様態を指す。

オランダ政府は特定の産業の競争力を強くするため、積極的にクラスターを活用している。２０１１年にはオランダの競争優位を保つための9分野を「トップセクター」と位置づけ、より活発なビジネス展開の方向性を示した。

この9分野〔**図表1－10**〕には「農業・食品（Agriculture & Food）」と「施設園芸・種苗（Horticulture & Starting Materials）」という、農業関連部門が２つ含まれている。

施設園芸の場合、その中心にあるクラスターは２０１

0年に創設されたグリーンポートホランド（Greenport Holland）であり、ここに種苗・育種、温室建設、物流、水・エネルギー循環システム、農薬、環境、金融、ファイナンシャル・コンサルティングなどといったさまざまな企業・組織が参加し、施設園芸に関するすべてのノウハウを集積することで、園芸農家を支援している。

一般にオランダで園芸を営む場合、家族経営であっても温室建設に3億円程度の初期投資が必要だ。しかしこの点も、温室建設のアドバイザーに相談すれば投資回収の見込みから、資金調達先の確保、実際の温室建設まですべてを任せることができる。

オランダ国内にはグリーンポートホランド以外にも5ヵ所のグリーンポートがあり、それぞれが連携して「地域グリーンポート」というネットワークを形成している。自治体がクラスターに深く関わっていることもあり、グリーンポートの代表に行政トップである市長が就いているところもある。各グリーンポートが発表した成果を別のグリーンポートが採り入れるケースも多く、協力と競争をしあうことで大きな成果を上げている。

情報産業化する園芸

クラスターには、オランダという国の農業に対する考え方が見事に反映されている。つまり、知識資源こそがイノベーションの源泉であり、園芸の発展のためには知識インフラの高度化こそが重要——という価値観だ。そのためクラスターを構成するにあたっても、できるだけ多くの関係者が自由に出入りできるようにすべき、という発想が貫かれている。

先に述べた花卉専門の卸売市場・フローラホランドを中心とする近隣一体も園芸団地を形成しており、大型のガラスハウスが連なるそばには、花の輸出業者やIT企業、農業資材会社などが点在している。ここにもクラスターが存在し、ガラスハウスの温度管理から液体肥料の管理、CO_2の管理、工程管理や出荷管理、世界各地の市場情報収集に至る全てが行われているのだ。IT企業は園芸に関するソフトやノウハウを提供し、スマートグリッド（次世代送電網）による園芸団地への電力供給も行っている。

スマートグリッドとは、電力の流れを供給側・需要側の双方から制御し、最適化する送電網のことをいう。たとえば花を作る生産者は、ハウス内の暖房のために天然ガスやLPガスを燃やすが、その燃焼で生じた廃熱を利用して発電もし、電力業者に販売している。これもスマートグリッドのひとつだ。農業者は農畜産物の生産者であると同時に、エネルギー事業者としての顔を併せ持つというわけである。オランダの農業は素材生産を目的とする単なる一次産業ではなく、情報産業と融合した高度なエネルギー産業になっている。

このようにクラスターは、企業間のネットワークのハブの役割を果たしている。オランダが世界第2位の農産物輸出国となった主要な要因のひとつが、クラスターの形成によって農業の情報産業化・知識産業化が進んだことであるのは間違いない。

農業と食品産業を支える「知のハブ」

オランダにおける、クラスターに並ぶもうひとつのハブが「フードバレー」だ。これは首都アムステルダムから80㎞ほど南東の場所にあるワーゲニンゲン市を中心拠点とした、食品関連企業と研究機関が集まった地域の総称であり、「知のハブ」ともいわれている。

オランダ政府が農業・食品関係の企業と研究機関を、同市にある国立大学・ワーゲニンゲン大学（生命科学分野の世界的名門校）の周辺に集中させる国家構想を立ち上げたのは1998年のことだった。現在ではオランダ中の企業、研究機関から約8000人の科学者が同大学に集まり、2004年には「フードバレー」という名称の非営利団体も設立された。

フードバレーの役割は、知識や情報を持つ研究機関と、それをビジネス化するノウハウを持つ企業とのマッチングであり、ネットワーキング化だ。ベンチャー企業への施設提供などの支援も行っている。ハインツのように自社の研究所に学生を受け入れて研究に参加してもらう企業もある。日本のキッコーマンやヤクルトも研究に参加している。

フードバレーには食品バイオ研究をはじめ、動物科学、植物科学、環境や社会科学など農業から派生するあらゆる研究機関が結集している。さらに前述の「グリーンポートホランド」のような園芸クラスターとも連携関係にあり、食品産業と農業、研究の垣根は低い。いや、低いというより、積極的に「農業は食品産業の一環」として考えられているのだ。

これはオランダ政府の考え方でもある。オランダにはかつて、日本の農林水産省に相当する「農業・自然・食品安全省」があったが、それが「経済・農業・イノベーション省」になり、いまでは「農業」が消えて「経済イノベーション省」となった。オランダ人にはもともと農業と食品を別物ととらえる意識が薄かったこともあり、今では農業も食品も経済活動として同列に扱う感覚が完全に定着している。

日本の農業発展を阻むもの

日本において非農家、企業が農業参入する際の最大の参入障壁が農地法である。

農地法は、農家のみが農地を所有し、利用できるという考え方に基づいて立法されている。そのため新たに農業を始めたい個人や企業にとってはハードルとなっている。個人の場合、農地の売買や貸借は各市町村に設置される農業委員会の決定に委ねられており、許可が下りれば就農できるが、他所の土地からやってくる人の場合「信用がない」という理由でなかなか許可が下りないという時代錯誤の現実がある。２００９年に農地法が改正され、企業でも農地を貸借できるようになったが、所有はいまだに禁じられている。

こうした、新参者への門戸が異常に狭い日本農業とは対照的に、オランダ、デンマークでは新規参入者に対して、しごくオープンだ。

デンマークの場合、①「まとまった農地を取得し、就農するためには資格の取得が必要」②「親から子への経営委譲は農場の売買が一般的」などいくつかの条件こそあるが、農業学校（カリキュラムは座学と農場実習）で4年学ぶか、大学で農学を修めれば就農資格を取得することができる。しかもこれらをクリアした上で就農した農業者には、ＳＥＧＥＳ（農業知識センター）および各地方にある「地方農業アドバイザリーセンター」に所属する専門家から、生産技術や経営指導など手厚い支援が受けられる仕組みになっている。

ＳＥＧＥＳには約６５０人の専門家が集まり、ＥＵの補助金で研究や農業者向けのＩＴシステムの開発をしているほか、高度な知識や技術をＳＥＧＥＳ傘下の約30の地方農業アドバイザリーセンターに提供している。

地方農業アドバイザリーセンターに属する約3000人の専門家は作付計画、人材育成、農場全体の戦略策定、法律、相続、財務など農家が必要とするあらゆる相談に乗り、専門的立場から助言を行う。酪農家がアドバイザリーサービスを利用する場合、助言を受けられるのみならず、牧草、品種改良、飼料などの各専門機関や民間企業とのコーディネートの役割まで果たしてくれる。つまり、生産者の周りにもクラスターが構築されているのだ。

個別相談を求める生産者は1時間あたり900クローネ(日本円で約1万5000円)の費用を支払う必要があるが、経営改善への効果が高いため、いまやデンマークの生産者にとってアドバイザリーセンターを使わない選択肢はないほどだ。

農業の発展には、オープンでイノベーティブな環境づくりが欠かせないということを、この例はよく示している。

農業輸出大国への道

ここまで述べたことを確認しておこう。

欧州各国が「成熟先進国型」の農業に転換して強力な輸出力を持つようになった背景には、作物を作ってから販売するプロダクトアウト型ではなく、市場や顧客のニーズに向き合ったマーケットイン型のシステムを構築した点にある。このシステムは絶えず市場への強い関心を持ち、農業生産から、加工されて顧客に届くまでを一連のプロセスと考え、農業界、食品業界という垣根を越えたシステムとなっている。こうした全体合理性を求める食農連携を、筆者はフードチェーンと呼んでいる。

フードチェーンの中にあっては、農業は食品業界の一セクターという位置づけになる。フードチェーンでの農業の課題は、市場ニーズを適確につかみ、そのニーズに応じられる生産性を実現することにある。そのためには、さまざまな企業・産業の協力を得られるクラスターを意識的に作る努力も必要になるだろう。クラスター化によって投資、経営管理、作業管理などへの支援はもとより、イノベーションに前向きな技術開発型農業が可能となるからだ。こうしたビジネスモデルにより、オランダやデンマークは国土が狭いにもかかわらず、成熟先進国型農業を実現し、世界中にブランド力のある農産物や食品を輸出している。

これが日本ではどうだろう。和食ブームの追い風もあって醬油、日本酒などの食品加工メーカーが数多く海外展開しているものの、これらのメーカーと日本の農業との間には連携と呼べるものがなく、メーカーは海外市場からの原料調達から製造まで「自己完結」してしまっている。この分断を解消し、日本の農業と食品産業とが相互にチェーンを構成して輸出する流れができれば、日本も成熟先進国型農業の仲間入りができるはずである。

ただ、ここで問題になるのが、日本には零細規模の生産者が多すぎるということだ。この構造のままではフードチェーンを構築するのは難しい。

なぜか。海外展開をするような食品メーカーの多くは大手企業だ。これらの企業は大量生産のためにまとまった量の原料を求め、より競争力のある商品を作るべく原料生産を担う生産者にも効率性や高い生産性を求める。こうした要望を、食品メーカーが、零細農家一軒ごとに伝え歩くのは至難の業だ。

たとえば１００ヘクタール分のコメを原料にして菓子を作るメーカーがあるとする。生産者の規模が平均１ヘクタールだとすれば１００軒の生産者を回り、栽培方法について相談し、出荷日を調整してもらう必要がある。しかし一生産者が１００ヘクタール分のコメを作っていれば、その生産者と打ち合わせするだけで全てが終わる。一人ひとりの生産者の規模が小さくても、１００軒分のコメをまとめる窓口があればいいが、現状日本にはこうした役割を担う組織が、農協以外ほとんど存在しない。

ヨーロッパと違う日本の農協

それでは、日本の農協は、なぜこうした役割を担おうとしないのだろうか。

オランダの農家向け金融機関「ラボバンク」（日本では農協系の金融機関である農林中央金庫に相当）が2014年10月に発表した文書「日本とオランダにおける農業」の中で、EUと日本の農協の違いについて言及している。

その内容を参考にしながら、筆者なりに整理すると、おおよそ以下のようになる。

〈日本〉

・卸売市場への委託販売（卸売市場で決まった価格から一定の手数料を徴収したのち、生産者に支払う。相場変動のリスクは生産者が負う）が基本で、農協が主体となって生産→加工→販売に至る仕組みがない

・マーケットの拡大などの自助努力に励むより、政府に頼ることで体制を維持してきた

・経済事業（農産物の販売）より、金融・共済事業による利益に依存した運営となっている

・経営力の高い農家ほど農協から離れていき、小売店や外食業者と取引をしながら、独自にバリューチェーンを構築している

〈EU〉

・生産から加工、販売、輸出に至るまでの一連のバリューチェーンを農協が構築してい

る

・専門経営陣が中枢にいて、民間企業なみの経営管理能力を発揮しており、ニーズの把握、商品開発、流通革新などを行っている

・EUをはじめ海外に広くマーケットを持っている分、価格競争も激しい。商品の価格競争力を高めるために、原料生産者である組合員にコスト削減が求められる。コスト削減に対応できない小規模農家は自ら廃業していくなどして結果的に構造改革が進んだ

同じ「農協」とはいっても、事業領域や活動内容、方針など、どれもずいぶんと違うものだと感じさせられる。

大規模農家を増やさなければならない理由

フードチェーンを担う農家にはある程度の経営規模が必要である。よってそうなるための構造改革も必須となるだろう。

〔図表1－11〕は、成熟先進国であるEU各国と日本の農業構造を比較したものだ。50ヘクタール以上の経営面積を持つ農家の割合はフランス、ドイツ、デンマークではそれぞれ

図表1-11　成熟先進国と日本の農業構造

	フランス	ドイツ	オランダ	デンマーク	日本
①基礎データ					2010年センサス
経営体数	51万経営	30万経営	8万経営	4万経営	250万経営
農地面積	2783万ha	1670万ha	190万ha	264万ha	456万ha
産出額	679億ドル	480億ドル	113億ドル	88億ドル	77億ドル

②経営規模階層ごとの経営体数シェア、農地利用シェア

	経営数%	農地利用シェア%	農家戸数%	農地利用シェア%	経営数%	農地利用シェア%	経営数%	農地利用シェア%	経営数%	農地利用シェア%
5ha未満	27	1	9	0	29	3	7	0	94	49
5～50ha未満	36	15	62	23	55	63	60	18	6	34
50ha以上	37	84	29	77	16	33	33	82	0	17
計	100	100	100	100	100	100	100	100	100	100

（出典）EUROSTAT

図表1-12　成熟先進国と日本の1経営体あたり飼養頭数

	フランス	ドイツ	オランダ	デンマーク	日本
肉牛	97.7	86.5	121.1	115.7	39.7
乳牛	45.0	46.4	74.6	133.7	69.9
豚	569.4	458.8	1743.2	2598.2	1625.3

（出典）EUROSTAT（2010）と農水省資料（2011）

37％、29％、33％である。一方で日本はわずかに0・4％（※図表では0％となっている）、実数ではわずか7077経営体数（2015年センサスでは、7711経営で、0・56％）と大規模経営があまりにも少なすぎる。これは日本において永《なが》らく稲作農家保護に偏った農政が行われたがゆえに、構造改革が遅れた結果である。

　とはいえ畜産分野では、日本も先進国と遜色がないほどに構造改革が進んでいる。

【図表1－12】は成熟先進国と日本の畜産（肉牛、乳牛、豚）の1経営体あたりの飼養頭数を比較した

図表1-13　成熟先進国と日本の販売額規模別の国内産出額シェア

	フランス	ドイツ	オランダ	デンマーク	日本	
€5万未満	8.0	6.6	2.3	5.0	20.0	500万円未満
€5万から10万未満	13.0	8.7	2.7	3.9	12.0	1000万円未満
€10万から50万未満	59.0	47.5	40.0	23.5	34.8	5000万円未満
€50万以上	20.0	37.2	55.0	67.6	33.2	5000万円以上
計（%）	100	100	100	100	100	

（出典）EUROSTAT

ものだが、これによれば日本は肉牛では劣勢ながら、乳牛ではフランス、ドイツを上回っている。豚肉もデンマークにこそかなわないが、やはりフランス、ドイツを大きく上回っている。

また、その国の構造改革の程度を販売シェアで見てみると、年間50万ユーロ以上売り上げている農家の、その国全体に対する産出額シェアは、オランダ55％、デンマーク67・6％に対してフランス20％、ドイツ37・2％となっている。一方で日本では、5000万円以上販売している農家の販売シェアがおよそ33％である。通貨がユーロと円で違うので厳密な比較は困難ではあるものの、日本の構造改革の程度はオランダやデンマークには及ばなくてもフランスやドイツとの比較では遜色ない、とも言える〔**図表1－13**〕。

以上は2010年の農林業センサス統計をもとにした比較だが、2015年には農業産出額全体の40％が売上5000万円以上の販売農家の手で生産されているため、日本の構造改革はさらに進んでいると見込まれる。

ただ問題なのは、売上5000万円以上の販売農家数は、日本の農家全体のわずか1％に過ぎないということだ。「1％」という数字はあまりにも小さい。

構造改革の実現には、意欲旺盛で経営感覚を備えた生産者や農業参入に積極的な企業の増加により、1％が2％、3％になっていくことがどうしても必要だ。計算上は、売上5000万円以上の農家が3％になれば、日本の農業生産額は現在よりも増加することになる。

フランスは離農政策で構造改革

では一軒あたりの農家の規模を大きくするためにはどうすればいいのだろうか。そのための施策はいくつかあるが、ひとつの参考になりうる政策が、過去にフランスで行われている。

同国では1960年代から零細農家に早期リタイアを促す「離農政策」を実施し、構造改革を進めてきた。離農した農家の土地は土地整備農村建設会社（SAFER）に集められ、新規就農者にまとめて貸し付けるという政策だ。離農者が離農後の生活を保障される「終身保障交付金」を受け取るためには、若い農業者への土地譲渡が条件ともされた。

ただ、若い農業者も農業を始めるには土地や機械の購入などの投資が伴う。そこで70年以降には若者の新規就農を促す就農交付金や低利融資の制度が準備された。このように離農者と新規就農者双方への政策が奏功し、現在ではフランスの一経営あたりの平均経営面積は53・9ヘクタール（10年）と拡大、農業者の平均年齢も40代と若返っている。

だが、そんなフランスの構造改革も決して満足と言えるようなものではない。というのもフランスでは農産物輸出で優位に立っているのはワインやチーズなどの加工品であり、特にワインは販売額の19％を占めているが、フランスの農家数全体に占める割合で見ればワイン生産者は14％に過ぎないからだ。

ちなみにフランス農家で最も多いのは穀物生産者で、17％を占めているにもかかわらず、この産出額はわずか11％と依然生産性が低いのである。つまり、構造改革を進め、効率や生産性の高い農業に転換するだけでは、成熟先進国型農業は実現できないということだ。食品メーカーや外食業者と綿密に連携し、加工や販売と結合したフードチェーンを担う農業に転換してこそ実現できるということだろう。

日本農業はまず何を目指すべきか

本章で述べてきた、欧州の新しい「農業大国」の農業スタイルは、プロダクトアウト農業――農家だけが農業に従事し、その農業は耕作・畜養に限定され、作れば農協へ出荷するだけという農業――を基本とするわが国の農業とは根底において異なるものである。

日本において、現状先頭に立ってフードチェーン農業を行っているのは、わずか1％の生産者たちのさらにその一部にすぎない。だが彼らが核になって食品メーカーや外食業者と連携しながら特化すべき作物を決定し、付加価値の高い作物を作っていく……そうしたプロジェクトが軌道に乗るにしたがって周りの生産者も刺激を受けるだろう。「自分もあのような農業をやろう」と作物や流通のスタイルを変え、フードチェーンに参加することにもなっていくだろう。その時には現状1％に過ぎない農家の割合が2％、3％となり、需要を満たすだけの生産力を確保できているはずである。

ただし、輸出を伸ばすには当然ながら輸出戦略が不可欠で、本格展開を目指すのであれば商社なども仲間に組み入れていく必要がある。オランダのグリーナリー、デンマークのデーニッシュクラウンやアーラフーズのように、農業者と実需者を結ぶ仕組みのなかで生産者の所得を確保するシステムの構築も欠かせない。

農業の構造改革に関して言えば、フランスのように離農を促し政策的に構造改革を進めるケースもあるが、オランダ、デンマークの例では、農業者が「顧客から生産」までのチェーンを流通業者や食品メーカーと一緒になって作り上げ、顧客ニーズの把握や生産性の向上、コスト削減の必要性を感じ取った結果として農家の規模拡大や離農が進み、結果的に構造改革が進んだ。
　これを踏まえるなら、日本でもフードチェーンを先に構築し、国内外に販売先を確保することが重要となってくるだろう。これを進めることで、結果的に構造改革も進む可能性がある。

大泉一貫（おおいずみ・かずぬき）１９４９年生まれ。宮城大学名誉教授。農業経営学者。著書に『希望の日本農業論』ほか。

コラム1

新しい農業ビジネスモデルのパイオニアたち

デンマーク農業――小さな農業大国の秘密

青山浩子（農業ジャーナリスト）

コエンザイムのような酵素も立派な輸出品

デンマークは人口約570万人、面積は約4万3000㎢という、日本の九州ほどの広さの国だ（人口は九州全体＝約1320万人の半分以下）。

農業は同国の主産業で、国土の6割にあたる260万ヘクタールが農地である。農業を営む経営体数はおよそ3万9000。大規模経営のスタイルが進展しており、1経営体あたりの平均耕作面積は68ヘクタールと、日本の約31倍（日本の販売農家の全国平均面積は2・17ヘクタール）である。

人口が少ないこの国では、「限られた国内市場では成長が望めない」として、早くから輸出産業として農業を発展させてきた。

デンマーク農業の特徴を挙げると、①専門協同組合の形式をとっており、生産から加工、流通、輸出まで結びついた製販一体ビジネスが構築されている、②EU諸国のなかでも厳しい環境規制を敷き、加工場においては厳格な衛生基準を設けることで安全性を高め、競争力ある輸出産業として農業を発展させてきた――という2点にまとめられる。こうした専門協同組合は現在11組織ある。

同国は、他の北欧諸国と同様、社会福祉制度が充実しており、「世界一幸せな国」としても知られている。反面、税金は高く（消費税25%、所得税平均46%）、人件費も税金を考慮して高く設定されているため、輸出面での価格競争力は決して高いとはいえない。

また、デンマークは土地が平らで河川が少なく、飲料水を地下水に依存している。一方で集約型畜産が発展してきたため、水域の環境汚染が長年社会的問題になってきた。

これらの課題を克服するために、EU諸国のなかでも厳しい環境規制を敷き、同時に高水準の食品安全性、透明性を維持することで商品の高付加価値化を実現し、輸出競争力を確保していったのである。

現在、食料自給率は300%、つまり、農産物および加工品のおよそ3分の2を輸出にあてている。農業産出高（2013年）は約1兆4000億円で、主な構成は養豚（30%）、酪農（19%）、穀物（17%）の順だ。農産物および関連製品の輸出額は約3兆円。これはデンマークの総輸出額の25%にあたる。

輸出品目で多いものは豚肉（20％）、魚介類（13％）、毛皮（8％）、チーズ（6％）となっている。輸出先の第1位はドイツ、第2位以下が中国、スウェーデン、英国、ノルウェーと続き、日本は第9位である。急速に輸出量が拡大している輸出先は中国で、牛乳、乳製品、豚肉関連商品の輸出が伸びている。輸出を牽引している協同組合はアーラフーズとデーニッシュクラウンの2社である（第1章参照）。

また特徴的な品目としてコエンザイムなどの酵素も輸出（全体の4％）しており、農業技術（全体の7％）のなかでは、中国やロシア向けの農業機械、牛乳の搾乳機の輸出も伸びている。

農家への普及指導は完全民営化

デンマークの農業が日本と大きく異なる点としては、①まとまった農地を取得・就農するためには資格の取得が必要、②親から子へと経営委譲する場合、親子間での農場売買が一般的、③農家に生産技術や経営指導を行うアドバイザリーサービスが民営化されている、の3点がある（第1章45ページ参照）。

2015年3月、地方農業アドバイザリーセンター（生産技術や経営指導を農業者に行う）の一つ、AGROVIのチーフアドバイザー兼取締役のハンス・ヘンリック・ドゥルーセン・フレステッド氏が来日し、講演を行った。同氏によると当初、有料化にともなう農家の反発は大きかったが、いまではかなり定着したという。同国では圃場《ほじょう》（農地）情報が電子化されており、EUの共通農業政策（CAP）にともなう直接支払いの受給申請もすべてオンラインで行う。環境保全や動物福祉などの規制が断続的に厳格化され、申請手続きも複雑化している。こうした高度な受給申請手続きもアドバイザーが支援しており、同氏は「いまや農業者にとってアドバイザーを使わないという選択肢はないといってもいい」と語った。

日本では、大規模畜産農家が獣医の資格を持つコンサルタントと有償で契約をしているケースはあるが、これを除けば、公務員である農業改良普及指導員やJA職員が技術指導を行っており、すべて無償である。

企業の資本が農業に参入

最近の動向としては、エンタープライズ（企業）型農場の台頭が挙げられる。具体的には企業などから投資を募り、資本力を増強した農場を指す。

同国の農業は構造改革が急速に進展したこともあり、農場の規模拡大が進んでいる。前述のアドバイザーのフレステッド氏によると、専業農家が土地利用型農業で生計を立てていく場合、最低でも500ヘクタールが必要だという。そのため親の農場を子が購入する場合、あるいは血縁関係のない新規参入者が農場を買う際にも相当の資金が必要となる。

一方、金融機関は2008年のリーマン・ショック以降、融資の条件を厳しくしており、農家は容易に融資を受けられなくなっている。こうした状況下で農業者が企業から出資を受ける「企業型農業」というスタイルが定着するようになった。

出資をする企業は国内のみならず海外の企業も可能で、さらに企業が農場そのものを所有することもできる（ただしデンマーク人の農業従事者が働いていることが条件となっている）。

ここであらためて、デンマーク農業の規模拡大化についてみておこう。

2000年から2013年にかけて農地面積はほぼ変動していないものの、農家を規模別に見ると、規模が小さい農家は2000年以降、急激に減少している一方で、大規模な農家数はあまり変わっていない。構造改革が進み、少数農家による大規模経営が進展していることを表している。

一方、養豚経営体数は3861（2013年）で2000年当時の3分の1に減少。1経営体あたりの飼育頭数は2000年に比べ3倍以上に増えた。総頭数は約1200万頭である（図表参照）。

養豚経営体数の推移

	経営体の比率			飼育頭数の比率		
	2000	2012	2013	2000	2012	2013
飼育頭数						
1－49	18.0	14.8	11.2	0.4	0.1	0.0
50－99	8.2	2.6	1.9	0.6	0.0	0.0
100－499	24.8	6.8	7.3	7.4	0.7	0.7
500－999	18.0	10.6	10.1	14.4	2.7	2.4
1,000－1,999	18.0	16.1	17.8	28.3	8.3	8.3
2,000－4,999	11.5	30.0	30.9	37.2	33.5	32.0
5,000以上	1.5	19.1	20.8	11.8	54.7	56.5
合計（%）	100.0	100.0	100.0	100.0	100.0	100.0
経営体数	13,231	4,181	3,861			
総頭数（千頭）	11,922	12,331	12,076			
1経営体あたりの頭数	901	2,949	3,128			

資料：FACTS & FIGURES――THE DANISH AGRICULTURE AND FOOD COUNCIL（デンマーク農業食品理事会）

日本の全農・全中との違い

デンマーク農業食品理事会（DAFC）は、デンマークの食品・農畜産業を代表する民間組織である。ロビー活動、産業および輸出の振興、アドバイザリーサービスの統括、研究開発、補助事業などを行っている。同国では農家の数が減少していることもあり、農家にとってはロビーの機能を持つDAFCは貴重な存在となっている。

もともと農業理事会として1919年に設立されたが、その後食品加工、食材(ingredients)、流通、農業機械、種苗ほか、農業と食品に関わる主要組織を統合し、2009年にDAFCとして発足した。

職員は約1200人で日本、ベルギー（EU）、英国、中国、ロシアにも事務所を置き、会員が供出する費用により運営されている。たとえば、デンマークの首相が来日した際には、事前に同国との取引がある日本企業の関係者とのビジネスミーティングを設定するなどのアレンジも行った。

DAFCの最大の特徴は、会員同士ですでに生産、加工、アグリビジネスまでのバリューチェーンが構築できている点である。

DAFCの貿易・マーケット部門のチーフアドバイザーであるジェン・リン氏は日本駐在の経験もある。同氏にDAFCと同じ機能を持つ組織が日本にあるかどうかを尋ねると、「日本には農業協同組合を束ねる全中や全農があるが、DAFCは農業、食品、関連産業というそれぞれ独立した産業のセクターを総合的に束ねている。その点が日本とは異なるだろう」と説明した。

「動物福祉への配慮」という考え方

同氏からは、畜産農家が準拠すべき環境基準が厳格化されつつあるデンマークの現状についても説明を受けた。前述のとおり、集約的畜産が発展したために環境汚染が引き起こされた同国では、EU内の他国に比較して、より厳格な環境規制を敷いている。

1985年から始まった「家畜排泄物に関する施肥管理」では1ヘクタールあたりの窒

素施用量の上限が設定され、酪農・肉牛の場合は170kg、養豚・有機畜産の場合は140kgまでとなっている。このため、農家は家畜の種類、頭数、畜舎のタイプなどから窒素、リン酸、カリの排出量を計算した上で、家畜から排泄された糞尿を圃場に散布する場合、どのくらいの規模の圃場に散布するのか、窒素を吸収する作物（キャッチクロップ）はどういったものを作付けするのかなど詳細な書類を作成し、政府に届け出なければいけない。

近年、畜産農家には動物福祉への配慮も求められるようになった。動物福祉とは「人間が動物を利用するのはやむを得ないが、動物が受ける苦痛は最小限に抑制する」という考え方で、養豚の場合、妊娠中の母豚を狭い豚舎に寝かせることを禁止したり、豚舎内にシャワーシステムを設置するなどといったルールがある。

同国の養豚界では、環境保全、動物福祉などの規定を定めた基準書が3種類あり、英国基準、デンマーク基準、EU基準の順に厳しくなる。デンマークの養豚農家は基本的にデンマーク基準に準拠していなければいけないが、デーニッシュクラウンは英国にも輸出しているため輸出向けの豚を飼育する農家は英国基準に合致した飼育方法が求められている。

青山浩子（あおやま・ひろこ）農業ジャーナリスト。著書に『強い農業をつくる』ほか。

2

自由貿易はチャンスである

国産品が海外の輸入品と互角以上に戦える理由

本間正義

（東京大学大学院農学生命科学研究科教授）

「トランプショック」は自由貿易を殺したか

２０１７年１月20日、アメリカの第45代大統領に就任したドナルド・トランプ氏は、選挙中から公約していたとおり、就任初日に環太平洋戦略的経済連携協定（Trans-Pacific Partnership＝ＴＰＰ）からの離脱を宣言した。

ＴＰＰは日米のほか、オーストラリア、ブルネイ、カナダ、チリ、マレーシア、メキシコ、ニュージーランド、ペルー、シンガポール、ベトナムという12ヵ国による貿易・経済の自由化を目的とした包括的な経済連携協定（Economic Partnership Agreement＝ＥＰＡ）であり、発効すれば世界のＧＤＰ（国内総生産）の実に４割を占める巨大経済圏になるはずだった。だがこの協定の発効には最低でも「12ヵ国のＧＤＰの85％以上を占める６ヵ国の批准」という条件がある。参加国のＧＤＰの60％以上を占める米国の離脱により、ＴＰＰの構想は水泡に帰した。

だがＴＰＰの消滅によって、世界の国々が自由貿易に活路を見出す潮流を見失ったかのように考えるのは、明らかな誤りである。

日本政府はＴＰＰの交渉と並行して、中国主導で進められる経済連携協定「東アジア地域包括的経済連携（Regional Comprehensive Economic Partnership＝ＲＣＥＰ）」の交渉にも臨んできた。これはＡＳＥＡＮ（東南アジア諸国連合）10ヵ国に、日本、中国、韓国、インド、オーストラリア、ニュージーランドの６ヵ国を加えた計16ヵ国によるＥＰＡであり、実現すれば世界経済の約３割を占める広域経済圏が形成される。ＴＰＰの消滅に伴い、アジア・オセアニア各国のＲＣＥＰ妥結への動きはむしろ加速している。

またＴＰＰを終焉に追い込んだトランプ大統領にしても、２国間の自由貿易協定（Free Trade Agreement＝ＦＴＡ）については重視する姿勢をかねてから見せており、日本にもＦＴＡの締結を求めてくる可能性は高い。

ＴＰＰでは交渉の結果、日本の全貿易品目（９０１８品目）のうち95％で関税が撤廃される一方、農林水産物（全２３２８品目）のうち約19％の４４３品目では関税が維持されることになっていた。だが仮に日米間でＦＴＡの交渉が始まれば、その際は日本側が、ＴＰＰ交渉で妥結した以上の譲歩を迫られる展開もあり得るだろう。

日本の農業は弱くない

そもそもＴＰＰ交渉において、日本が農林水産物である４４３品目の関税維持を譲らなかったのは、ＪＡをはじめとする農業団体が「ＴＰＰ締結は農業に壊滅的な影響を与える」と激しく反対していたからだ。政府も影響が大きいとされる「コメ、麦、牛肉・豚肉、乳製品、サトウキビほか甘味資源作物などの重要5品目は守る」と国会決議を行った。

国会決議まで行ったことを考えれば、重要5品目の関税が実際に撤廃されると日本の農業に壊滅的な影響が及ぶ——かのように思える。しかし実際に5品目を詳《つまび》らかに見てみると、輸入品と互角に戦えるだけの競争力をもつ品目が少なからず存在する。

関税が削減されても十分に競争力がある（◎）、やり方次第で競争力はある（○）、関税撤廃すると輸入品が国産品にとって代わる可能性があり、大胆な構造改革が必要（△）、競争力に欠ける（×）で評価すると、ざっと次のようになる〔図表2-1〕。

図表2-1　5品目の競争力

コメ：○
小麦：○
牛肉・豚肉：◎
乳製品：△
甘味資源作物：×

国内市場は少子高齢化や人口減少により、これ以上の市場拡大が難しいことは明らかだ。したがって競争力がある品目を含め、これまで手薄だった国際市場に乗り込んでいくことで活路を見出していく必要がある。

輸出を拡大していく際、最大の問題は価格の高さだ。日本産の食品は品質のよさでは太鼓判を押されている。和食も世界的ブームで、2015年に開催されたミラノ万博で日本館はひときわ多くの来場者でにぎわった。日本産のコメや牛肉などは、アジアの富裕層に大人気だ。

しかし「どんなに高くても買う」という一部の富裕層を相手にしたマーケットには成長限界がある。日本がターゲットにすべきは、経済新興国を中心に層が厚くなりつつある中間所得層だ。そのためには、品質を維持しながらコストダウンしていく必要がある。

コメの内外価格差は関税率ほど大きくない

意外に思われるかもしれないが、輸出拡大の期待ができる品目のひとつはコメだ。和食ブームを支えるメインの食材であるし、国内での生産過剰解消にもつながる。

コメはもっとも手厚く保護されてきた品目で、関税率は778％といわれる。だがここで注意すべきは、関税の適用方式には、①輸入した品目の価格に対して一定の割合で関税をかける「従価税」と、②「1kgあたり○円」などといったぐあいに輸入量に対して関税をかける「従量税」の2種類があるということだ。

日本は輸入米の関税には従量税を採用しており、正確な関税率は従量税で1kgあたり341円となる。「778％」はこれを従価税に換算した際の数字なのだ。TPPやFTAの交渉にまつわる新聞記事で、従価税に基づいてコメが「関税が高い品目」の筆頭にランキングされるのは、大きい数字のほうが目立つから、という理由が多分にある。要は、国産米と輸入米の価格には、無茶苦茶なほど大きな差があるわけではないのである。

たとえば米国のカリフォルニアで生産されるコメが100円（1kgあたり。以下同じ）ならば、関税を加えて441円で輸入されることになる。また、この341円が現状を的確に反映した価格差なのかというとそうではない。この関税率は日本やアメリカのコメとは品質が異なるタイ米等との価格差から決められたもので、多くの水増し分を含むからだ。

「341円」というコメの関税率のルーツは、農産物の貿易自由化に関するルールを決めた、ガットのウルグアイ・ラウンド交渉（86〜94年）にある。この交渉の結果、86〜88年の国内価格と輸入米の平均価格の差額を関税と設定することになったのだ。

このさい基準となる当時のコメの国内価格は434円とされた。これは農水省が決めた「上質とされる国産米の卸売価格」とされるが、具体的な品種名や産地名は明らかにされていない。一方で輸入米の平均価格は32円であり、両者の差額である「402円」が関税として設定された。この時点で国産米は輸入米より10倍以上高かった計算になる。

実際に日本がコメを関税化（関税を払えばコメを輸入できる状態）したのは１９９９年からだ。関税が設定された時点では、「輸入米が入ってくると国産米が売れなくなる」と日本のコメ農家から大反発を受けたため、日本政府が米国などと交渉して関税化を一時的に猶予してもらったのである。その代償として、ミニマムアクセス米（「最低輸入機会」といい、一定量まで低い関税で輸入できるコメのこと）を毎年増やしていくという条件を受け入れた。農家の反発を抑えるための苦肉の策だった。

その後、「コメの関税は高いのだから、安い関税で入ってくるミニマムアクセス米を増やすよりも、むしろ関税化したほうが国内米への影響は小さい」という理解がようやく生産者たちの間にも生まれ、１９９９年に関税化したのである。

現在の関税が３４１円なのは、関税化への移行後、当初設定した関税（４０２円）からさらに15％下げなさいというＷＴＯ（世界貿易機関）ルールが適用されたからである（４０２円－４０２円×15％＝３４１・７円）。

日本のコメ価格は米国産の約２倍

こうして決まったコメの関税率だが、いま現在、日本産米と輸入米との間にどのくらいの価格差があるかというと、関税が決まった当時の「10倍」から大幅に縮まっている。九州大学の伊東正一教授の計算によると、日本産米は米国産米のほぼ2倍だ。

価格差を調べるには、関税が上乗せされる前の輸入米と日本産米を比較する必要がある。伊東教授は「米国産米が関税ゼロで輸入された場合、日本国内ではいくらの値段で流通するか」を推定し、次のような数字を発表した〔図表2-2〕。

3種類のコメを関税ゼロで日本に輸入した際、国内での小売価格は最も安いもので17 03円（10kgあたり。以下同じ）、最も高いもので2313円だ。一方、日本産米はあきたこまちが3000〜3500円程度、コシヒカリが3500〜4500円と仮定すれば、米国産のざっと2倍になる。

それでは、米国から国産の約半分の値段のコメが入ってきた場合、日本の農家が互角に競争するにはどのくらいコストダウンすればいいのだろうか？

農水省「農業経営統計調査」の平成26年産米生産費によれば、日本の生産者の平均的な生産費は60kgあたり1万5416円だ。この価格と比較できる米国産米は、先の〔図表2-2〕では「倉庫渡価格」が該当し、品質にもよるが60kgあたり5954円から9249円になる。

双方の価格に、卸業者や小売店が受け取る利益や物流費、倉庫利用費などを加えたものが店頭小売価格となる。日本の生産者が最高値のアーカンソー州産コシヒカリと同等の値

図表2-2　日本のコメ輸入自由化時の価格の推定値

	アーカンソー州産 コシヒカリ	カリフォルニア州産 キャルローズ	カリフォルニア州産 あきたこまち
海外FOB価格 (ドル/10kg)	15.24	9.33	14.58
日本着CIF価格 (ドル/10kg)	16.16	10.06	15.31
倉庫渡価格 (円/60kg)	9,249	5,954	8,791
小売価格 (円/10kg)	2,313	1,703	2,228
評価価格 (円/10kg)	3,423	2,430	3,332

注　評価価格は官能食味試験による結果
数値について詳しくは、伊東正一「中国を取り巻く世界のコメ情勢と日本市場」『黒龍江省における米産業の発展メカニズムに関する研究』2010年度～2012年度科学研究費研究成果報告書（研究代表者加古敏之）、2013年を参照。

段に抑えようとすれば、少なくとも現在の6割まで削減する必要がある。逆に言えば、従来のコストを4割下げれば、日本米は輸入米と十分に渡り合えることになる。

関税ゼロでも戦える農家がいる

日本のコメ農家に「コストを4割下げよ」と要求するのは「無謀」と思う人もいるかもしれない。しかし実は日本にも、米国産米と互角に戦えるほど低コストでコメを作っている生産者がすでに存在する。

農水省は毎年、生産費に関する調査結果を公表している。ただし、残念ながらこのデータは生産現場の実態を反映したものではない。この調査の目的は全国あるいは地域別の〝平均値〟を出すことであるがゆえに、生産者ごとの

図表2-3　全国における作付規模別60kgあたりコメ生産費（平成25年産）

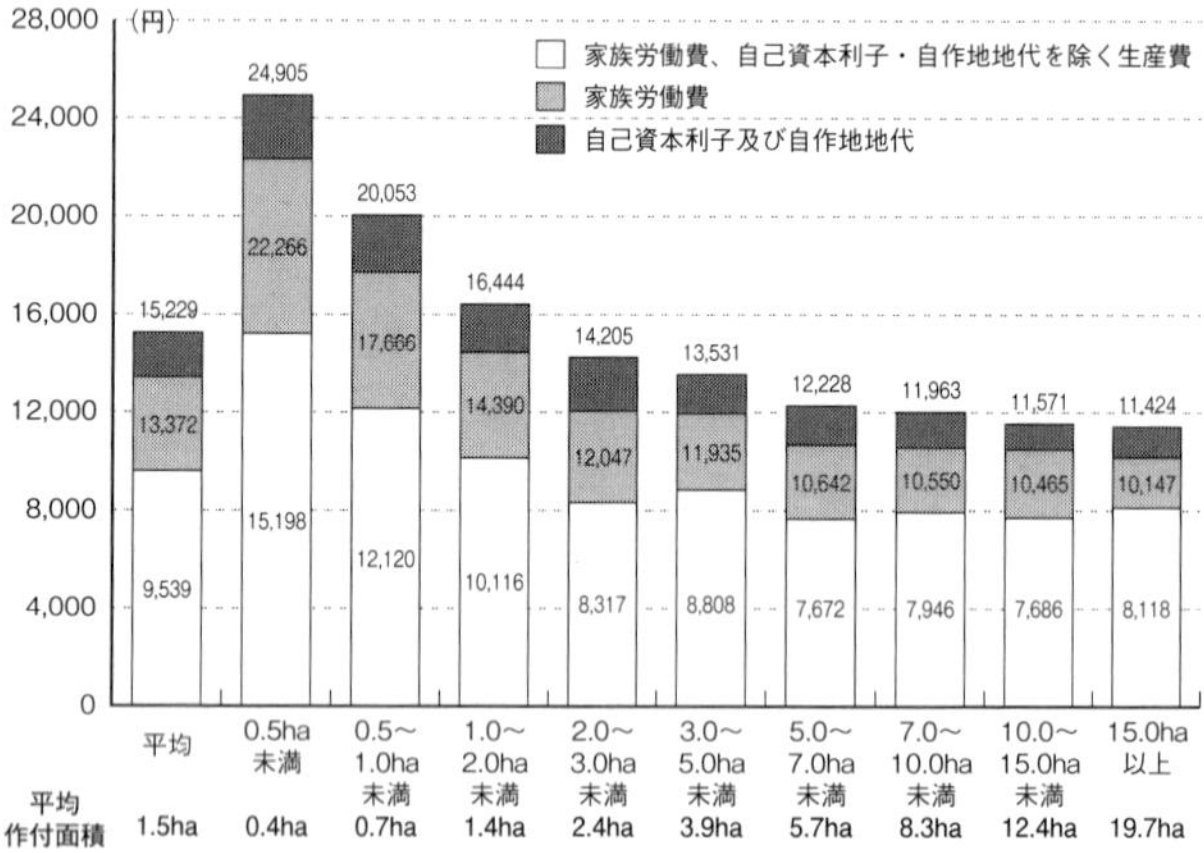

資料：農林水産省「米の生産コストに係る日韓比較」（平成28年2月）より

データはいっさい公表されていないのだ。

そのため、最近では100ヘクタールを超える大型稲作生産者が各地で誕生しているにもかかわらず、農水省が作成した作付規模別の生産費のグラフ〔**図表2-3**〕では、「15ヘクタール以上」がひとくくりになっている。15ヘクタールと100ヘクタールでは、生産費にかなりの差が生じるはずなのだが、「大規模農家の平均」としてまとめられてしまっているのだ。これでは日本のコメ農家が輸入米と互角に戦う力をもっているのか、もっていないのかを比較することができない。

もっとも、参考になるデータも存在す

図表2-4　フロンティア生産者の効率的なコメ生産

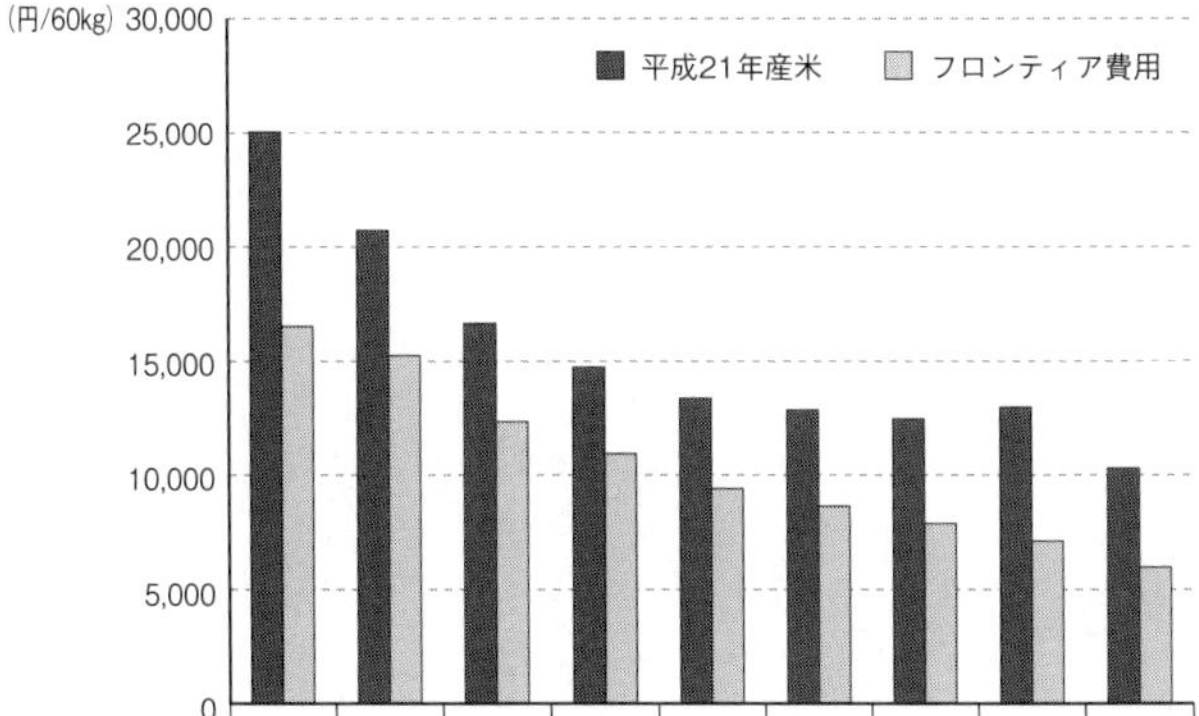

	0.5ha未満	0.5～1.0未満	1.0～2.0未満	2.0～3.0未満	3.0～5.0未満	5.0～7.0未満	7.0～10.0未満	10.0～15.0未満	15.0ha以上
平成21年産米	25,005	20,663	16,607	14,723	13,388	12,877	12,453	12,984	10,297
フロンティア費用	16,538	15,241	12,366	10,883	9,458	8,613	7,880	7,162	5,918

資料：齋藤勝宏「稲作の生産効率化の可能性」21世紀政策研究所『農業再生のグランドデザイン―2020年の土地利用型農業―』、2012年

る。〔図表2－4〕は、経団連のシンクタンク「21世紀政策研究所」のプロジェクトのメンバーでもある齋藤勝宏・東京大学大学院農学生命科学研究科准教授が、農水省データにおける平均的生産者の生産費と、その生産者のなかで最もコストを抑え、効率的に生産している生産者（フロンティア生産者）の生産費を分析した上で、両者を比較したものだ。

　これを見ると、フロンティア生産者（グレーのグラフ）と平均的農家（黒のグラフ）では、かけている生産費がかなり違うことがわかる。平均的農家の場合、面積が50アール（0・5ヘクタール）未満の農家は60

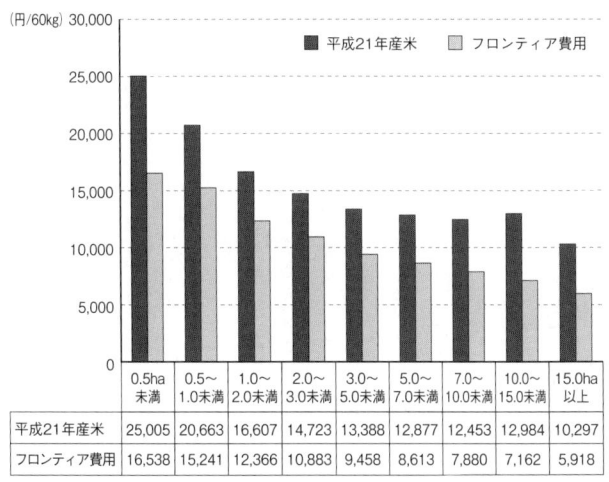

kgのコメを生産するために2万5000円ものコストをかけている。規模が大きくなるにつれて徐々に生産費は減っていくが、15ヘクタールを超えてもなお1万円を切らない。

一方、フロンティア生産者は50アール未満でも平均的な生産者より1万円近く低い1万6000円程度で生産している。15ヘクタールを超えると6000円以下で作っている。60kgのコメのコストが6000円を下回れば、米国産米が関税ゼロで入ってきても互角に戦えることになる。

「田植え」作業を不要にする画期的技術

フロンティア生産者と平均的生産者の生産費にこれほどの差があるのは、フロンティア生産者が規模拡大に意欲的で、同時にコストを削減する技術を活用しているからだ。彼らはコスト削減のために努力を惜しまない。

一例として「田植え」に関する省コスト化がある。

一般に農家は田植えをする際、あらかじめビニールハウスで種から育てた苗を、水田に運んで田植え機で植える。これを「移植栽培」という。だが、このやり方だと規模が拡大するごとに苗を育てるためのビニールハウスの面積も、田植え機の台数も増やさないといけない。田植えに適した時期は限られており、その短い期間に広い面積の田植えを終えるには機械を増やすしかないからだ。

この「田植え」、おそらく大半の人々はコメづくりにおいて欠かせない工程だと思っているだろうし、生産者にしてもほとんどはそうであろう。しかし、この田植え作業を省略し、田んぼに種もみを直接植える「乾田直播《かんでんちょくはん》」という技術がある。

岩手県花巻《はなまき》市の盛川周祐氏は、その「乾田直播」に取り組む生産者のひとりだ。盛川氏が直播への挑戦を始めたのは、「何をして、どんな技術を取り入れれば効率のよい農業ができるのか」と考え続けた末の1994年のこと。始めたばかりの頃はまだ技術が確立されていなかったこともあり、せっかく播《ま》いた種が全く芽を出さない失敗も経験したという。今では移植栽培に劣らぬ生産量を上げ、20ヘクタール以上ある水田の半分で乾田直播を行っている。

乾田直播のメリットは、田植えの工程を省ける点だけではない。盛川氏のように直播栽培と移植栽培を組み合わせれば、労力の軽減にもなるのだ。

温かいハウスの中で育つ苗に比べ、外気温が低い屋外の田んぼに播いた種もみは苗になるまで時間が余計にかかる。このため先に直播の田んぼに種を播き、この作業が終わったところで田植えをするというように作業の時期をずらせば、その分、少ない人手で作業ができるのである。

さらに盛川氏は、グレーンドリルという種播き用機械を小麦とコメの直播に使っているほか、コンバインも小麦とコメの両方に使うなど、ひとつの機械を複数作物に使う工夫もしている。これにより、田植え機など従来の稲作機械を使った場合よりもはるかに高速での作業が可能になっている。

機械が高速で、かつ稼働率が高ければ当然コストダウンにつながる。この結果、盛川氏の乾田直播の水田は東北地方の平均的な生産費の60％弱しかかっておらず、労働コストも東北地方の平均の5分の1程度で済んでいるが、それでいて平均収穫量は、東北地方の平均に比べて13％も多い。

盛川氏の乾田直播への挑戦は「コメがいつまでも保護されるとは限らない」という生産者の危機感が、国際競争力のあるコメの生産につながった好例であろう。

集積した農地はＩＣＴで管理

コメ農家のコストを大幅に下げるには、技術革新だけでなく農地集積——あちこちに分散している農地を1ヵ所あるいは数ヵ所にまとめること——も必要だ。

政府は、2014年から後継者が不在で継続経営が難しい生産者から農地を預かり、意欲的な担い手に託す仲介機関「農地中間管理機構」を各都道府県に立ち上げて、農地集積をすすめる政策を行っているが、生産者自身もまたさまざまな工夫を凝らして、農地をまとめてきた。

滋賀県彦根市の「フクハラファーム」(有限会社)は、1990年の創業当時10ヘクタールだった農地面積を今では165ヘクタールまで拡大した。このうち150ヘクタールをコメ用農地(水田)が占めている。

創業当初は思うように規模を拡大できずにいたが、福原昭一社長がどの水田も雑草を生やすことなく丁寧に管理していることが口コミで伝わると、やがて地元の高齢農家や後継者がいない農家が福原社長を信頼して農地を貸してくれるようになった。

ただ問題は、せっかく貸してもらった農地があちこちに分散していたことだった。規模拡大を最優先したために、当初は事務所からかなり距離のある農地でも預かってきたが、コストに見合わないことも多かったのである。

そこでフクハラファームは地元の稲作農家35名にも働きかけ、2001年に「利用調整組合」を立ち上げ、農地の貸し借りの相談窓口を地元のJAに一本化した。「農地を借りてほしい」と相談が持ち込まれた場合には、組合員同士で話し合って一番近い組合員が借りる、あるいはすでに近くの農場で作業をしている組合員が優先して借りるようにする、といった調整を行ったのだ。このやり方で、福原氏のみならず地元農家が農地を効率的に集められるようになった。現在では同ファームの農地は、事務所を起点に５㎞圏内にまとまっている。

またフクハラファームは10年前からＩＣＴ（情報通信技術）を積極的に活用している。同社が管理する水田は規模拡大により３３０枚に達しているが、この一枚一枚の管理が手薄になれば収穫量や品質は低下し、規模拡大はむしろ弊害となってしまう。そうならないために、同社では富士通研究所と滋賀農業振興センターが共同で開発したソフトウェアを使い、生産に関する情報をこまめに収集・分析している。

ＩＣＴが実際に威力を発揮した一例は、水田１枚ごとの面積と、作業効率の関係がデータによって裏付けられたことだ。

一般に稲作の作業効率は、水田１枚あたりの面積が広いほうが高い。狭い水田だと機械を頻繁に方向転換しなければならず、スピードも出しにくいからだが、フクハラファームがＩＣＴを活用して水田１枚ごとの面積と作業時間の関係を調べたところ、水田面積が60アール以上になると作業効率が良いことがわかった。同社が収集・分析したこれらのデータは、周辺の農家と農地を交換し、農地を集積する動きを加速させる上でも大いに役立った。

同社の10アールあたりの収穫量が５７０㎏と、全国平均（２０１５年度の全国平均は５１７

kg）をはるかに上回っているのは、これらの努力が実ったからにほかならない。

秋田県大館市の有限会社アグリ川田も、1・6ヘクタールから開始して100ヘクタール規模になった農業法人だ。

同社でも作業の効率化のために、農地周辺の環境や栽培品目、作業の進捗状況をパソコンで管理できるシステムを導入。640枚ある農地の管理を行っている。このように、地元の信頼を得ながら規模拡大した経営者が、ICTを活用しながら効率的・省力的な稲作を展開するスタイルは、稲作が競争力を持つためのひとつのモデルである。

こうした大規模経営は、コメの仕入れ時に中小規模の生産者を何軒も回ってコメを集めるよりも、なるべく1軒の大規模農家から効率的に調達したい大手外食・小売チェーンなどの実需者からも求められているものでもある。

農業の大規模化は、生産コストの削減と実需者ニーズへの対応という2つの面からも必要不可欠な要素になりつつあるのである。

日本人向けの小麦生産に勝機あり

小麦もコメ同様、将来的な競争力アップが大いに期待できる品目だ。

そもそも小麦は、戦前までは日本のどの地域でも生産されていた作物だった。それが戦後、高度経済成長とともに生産量が激減し、一時は自給率が4％まで低下した。まさに消滅寸前だったと言ってよい。

その小麦生産が復活したのは、1970年代前半に国際価格が高騰したのに加え、国内ではコメが生産過剰になったのをきっかけに、政府がコメにかわる転作作物として生産振興したという事情がある。

政府にとっての誤算は、日本人の食生活が激変し、すっかり洋風化してしまったことだ。グルテン含有量の少ない国産小麦はうどんには向くが、パンやパスタ、ラーメンには本来は不向きなのである。そのため生産量が回復した頃には、国産小麦は製粉業者から歓迎されなくなってしまっており、ついにはうどんに至っても、「国産小麦より品質がそろっている」という理由で海外産小麦に席巻されるまでになった。政府が国産小麦の行き場を確保するため、製粉業者に国産小麦との抱き合わせという条件で輸入小麦を販売し、製粉業者はそれをしぶしぶ買う時代もあったほどなのだ。

その流れが変わったのは、パンやラーメンに向く品種がようやく開発された、ごく最近のことだ。北海道農業研究センターが2009年度に、グルテンを多く含み、パンやパスタに適している「ゆめちから」という品種を開発したのである。

この頃は、消費者の安心・安全志向の高まりを受け、食品メーカーが国産原料にシフトし始めた時期にも重なり、「ゆめちから」はメーカーから歓迎された。病気にかかりにくく、面積あたりの収穫量も多いため、生産者も別の品種から次々に切り替えた。

こうして「ゆめちから」の生産量は急速に増え、２０１２年は１０００ヘクタールだった作付面積が、13年には6倍にもなっている。最近ではこの流れに乗ろうと、北海道以外でもパン向きの小麦の開発が進んでいる。

こうした動きは「ゆめちから」だけではない。福岡県にもラーメンに向いた「ラー麦」という名前の小麦があるほか、香川県では当地の名物である讃岐うどんに適した小麦「さぬきの夢２０００」を開発し、生産量を増やしている。

これらの成功事例は、日本人の食生活に合った品種を開発し、輸入小麦との差別化を図ることが生き残り策につながるという事例だ。ただし、こうした品種にしても、輸入品との競争力を持つにはコストダウンが絶対に必要である。

現在一部のコメ・小麦の生産現場で行われている、ＩＴを活用した「精密農業」はそのためのヒントになるだろう。

精密農業は言い換えるなら「バラつきを管理する農業」だ。農地というものは、ある一人の生産者に管理されていても畑ごとに土壌に含まれる水分、栄養状態、さらには酸性／アルカリ性など微妙な違いがある。これを無視してどの畑にも同じように肥料を入れ、同じように管理すれば当然ながら収穫量や品質に差が出てくるわけだが、熟練農家はこのバラつきを経験と勘で見抜き、畑によって肥料や水を与える量などを加減している。

精密農業は、このバラつきを経験と勘によらず情報技術を使って管理しようというものだ。前年度の収量、土壌、生育状態など畑に関する情報をデータ化して畑ごとに必要な肥料の量などを自動的に計算し、ＧＰＳを搭載したトラクターが投入量も自動調節する「可変施肥システム」はその一例である。必要な肥料だけ入れれば、それだけコストも削減できる。

こうした技術を活用しながら、小麦の価格競争力を高めていく必要がある。

世界と十分に戦える牛肉

日本の牛肉は、貿易自由化の荒波に、過去すでに一度ぶつかりながらも克服してきた。この経験値は非常に大きく、来るべき自由貿易時代においても十分に生き残れそうな品目として育っている。

牛肉がオレンジとともに輸入自由化されたのは１９９１年のことだ。当時の肉牛生産者は、ミカン農家とともに皆戦々恐々としたものだが、そのなかで彼らは「次の一手」を考え、実行に移した。「安い米国産牛肉が入ってくれれば、品質格差があまりない乳用牛（ホ

図表2-5　品種別牛肉生産量（部分肉ベース）の推移

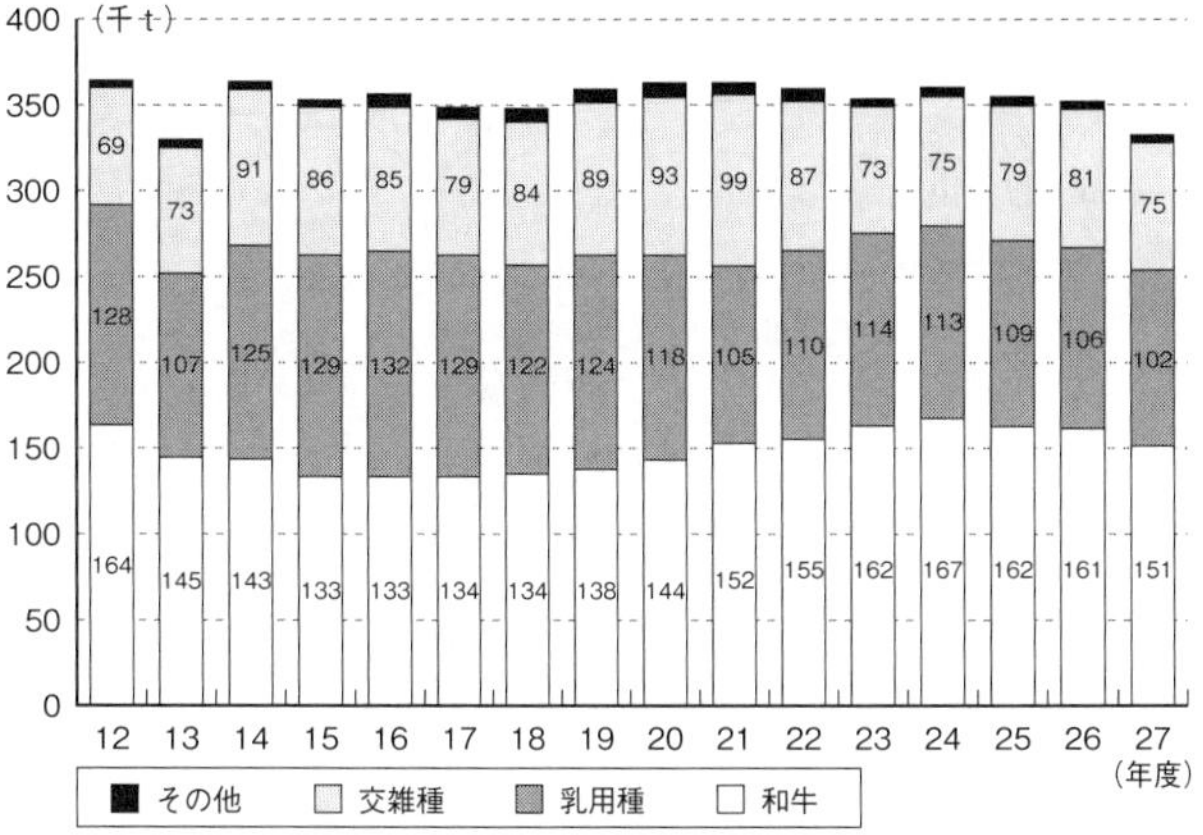

資料：農林水産省「畜産をめぐる情勢」（平成28年5月）より

ルスタインの雄）がまともに影響を受ける」と考え、ホルスタインと和牛のハーフである交雑種（通常「F1」と称される。スーパーなどで見かける「交雑種」と表示された牛肉がこれにあたる）の生産に力を入れ始めたのである。

これはまさに、和牛と乳用牛の中間に位置する牛肉だった。純粋な意味での和牛はかなり高額だが、F1は和牛ほど値が張らず、味もホルスタインや輸入牛肉より優れていた。現在は日本に出回っている牛肉のおよそ2割が交雑種となっている（**図表2-5**）。

また日本の牛肉生産者は、輸入牛肉の大半が冷凍流通であることに目をつけ、鮮度のよい冷蔵肉に焦点を絞るようになった。さらにエサや育て方にこだわり、ネーミングの面でも流通業者と協力して、産地やエサ、飼育方法にちなんだ商品名をつけて販売するよう努めた。

牛肉の自給率自体は91年以後低下したものの、国内の肉牛飼育頭数は250万頭と大きく変わっていないのはこれらの戦略が功を奏したからである。輸入牛肉とは一線を画した、国産牛の確固たる市場を確保したのだ。

養豚も自助努力で存続可能

豚肉も十分に生き残り可能な品目だ。日本の養豚農家は肉牛生産者と同じく、消費者が小売店で購入し、食卓で食べる「テーブルミート」に特化している。さらに、とんかつ、しゃぶしゃぶ、生姜焼きなどのように日本人が好む食べ方に向いたヒレ、ロースといった部位にいかに付加価値をつけるかに気を配っている。

外国からもヒレ、ロースは輸入されているが、これらは「高級部位」とされ関税率は4・3％と低い。為替レートが変われば、関税率はゼロに等しい。つまり、いま高級部位の生産に力を入れている養豚農家は、現時点ですでに十分な国際競争力をもっていると言えるのである。

豚肉には、「差額関税制度」という独自の保護策がある。主にハム、ソーセージ、ハン

図表2-6　差額関税制度

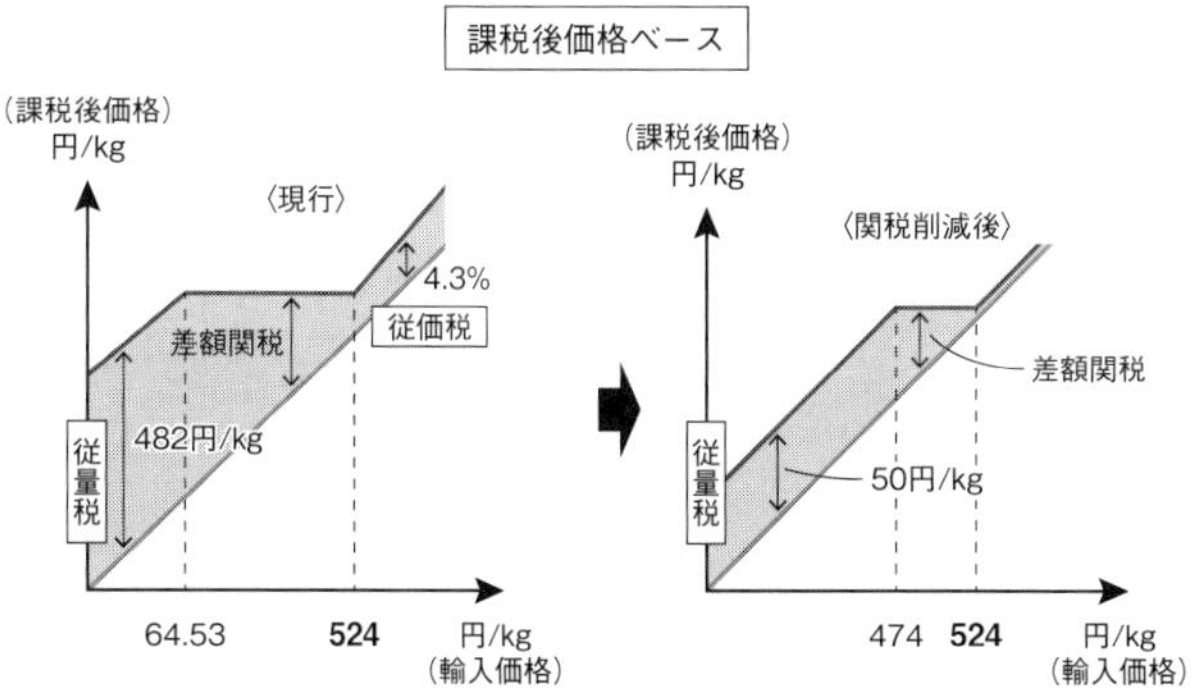

資料：農林水産省「TPP農林水産物市場アクセス交渉の結果」より

バーグといった加工の原料として用いられる安い海外産豚肉の輸入拡大を防ぐために1971年に設けられたもので、この制度があるがゆえに、輸入豚肉の関税率は輸入価格によって変化することになっている〔図表2-6〕。

1kgあたり524円を超えるいわゆる高級部位の豚肉には、関税率4・3％の従価税が課せられる一方で、524円を下回るいわゆる中低級部位の豚肉には、「基準輸入価格」（546・53円）と実際の輸入価格の差額が関税として徴収される。たとえば、輸入価格が100円ならば446・53円が関税になり、200円ならば346・53円が関税だ。安い輸入豚肉にも高い関税が課せられるため、加工業者は豚肉を安く輸入できず、結果的に輸入拡大を抑制できるだろうという思惑だった。

ところがこの制度によって何が現実に起きているかといえば、高い関税を払いたくない業者が安い肉と高い肉をセットで輸入し、差額関税が課されない基準輸入価格ギリギリの価格に合わせてくるといった、制度の隙間をかいくぐる行為が後を絶たないのである。

国内養豚農家を保護するはずの差額関税制度だったが、実際には国内養豚農家は「高級部位」として売られる豚肉づくりで勝負しており制度の恩恵を受けていない。また安いはずの豚肉が関税によって高くなるという点では、消費者にも経済的な負担を強いている。差額関税制度は自由貿易を大きく阻害する問題の多い制度であり、将来的には廃止を検討すべきだろう。

ともあれ、低価格の輸入豚肉の輸入が増えるとしても、日本人が好み需要も多い部位の高付加価値化や、育て方や飼料にこだわったブランド豚の生産など、生産者の自助努力で国内養豚は十分に存続できるはずだ。

流通再編を迫られる酪農・乳製品

ＴＰＰの交渉妥結結果では、乳製品に関しては既存の保護策が基本的に守られる一方で、バターと脱脂粉乳に関してはＴＰＰ参加国を対象に新たな輸入枠を設けることになっていた。

バターや脱脂粉乳の場合、輸入品だろうと国産だろうと品質面での差はほとんど存在しないと言ってよい。ＴＰＰが発効し、ニュージーランドやオーストラリアから安い乳製品がそのまま入ってくれれば、国産のバターや脱脂粉乳の市場が縮小しかねなかった。

そしてこの場合もっとも打撃を受けたのは、北海道の酪農だったはずだ。

北海道産の牛乳は、関東や関西のような大消費地に飲用として輸送するのは時間・費用がかかりすぎて適さないとの理由から、都府県産の生乳は「飲用向け」、北海道産生乳は「主に加工向け」という役割分担が伝統的になされてきた。そのため北海道で生産される牛乳のおよそ8割はバターやチーズなど乳製品の原料として使われてきたのである。

加工原料乳は飲用乳に比べて乳業メーカーから支払われる値段が安い。そのままでは加工向けが多い北海道の酪農家は不利になるため、加工原料乳には国からの補助金が上乗せされ、生産者に支払われている（第4章１５０～１５１ページも参照）。

仮にＴＰＰが発効し、輸入乳製品のマーケットが拡大していたら、加工原料乳の需要そのものが減ってしまっていただろう。北海道の酪農家は国に補助金の増額を要求しただろうが、日本の財政難を考えると増額は困難だったはずである。

この場合残された方法は、北海道で生産される牛乳を飲用乳としても販売していくことだった。「輸送に時間がかかる」というのは過去の話で、いまでは輸送インフラも整い、全国どこへでも配送できるからだ。

ただし、この戦略を描く上でネックになるのが、酪農家を地域単位で閉じ込め、自由な生乳販売ルート開拓を妨げる「指定生乳生産者団体制度」だった。

この制度下では、全国の酪農家が搾った生乳の95%は、地元のJAを経て沖縄県を除く全国に9ブロックある指定団体に集められる。この指定団体が各乳業メーカーと価格交渉し、生乳が取引されるのだ。

輸送インフラが未整備で、北海道の牛乳を関東に運ぶのが難しかった頃は、地域ごとに集荷、配送するやり方は有効だった。その反面、指定団体を経由せずに乳業メーカーに直接販売するような酪農家は、加工原料乳に支払われるはずの補助金がもらえないなど不公平な面があった。

むろんTPPは結果的に発効に至らなかったわけだが、輸送インフラが整った今、地域や用途を限定するこれまでの流通体制を見直すのはTPPがなくとも自然な流れだった。

国内の生産体制や戦略を再構築することで、もともとブランド力のある北海道の生乳は飲用乳として全国各地に流通し、需要を拡大できるだろう。

それでは他の都府県で生産される生乳が余ってしまうというのならば、韓国や台湾、中国といったアジア市場を攻めていくこともできる。ワインの需要拡大とともに消費が順調に伸びているチーズの開発に力を入れれば加工原料乳の用途も広がる。日本という狭い市場で考えるのではなく、海外を含めた大きなマーケットを視野に入れていく必要があり、指定団体制度の改革を含めた大規模な構造改革は早晩避けられないはずである。

競争力脆弱な甘味資源作物

5品目のなかでもっとも国際競争力がない品目は、砂糖の原料となる甘味資源作物だ。具体的には北海道の甜菜《てんさい》と、沖縄県と九州の一部でつくられるサトウキビである。

砂糖は1963年に自由化されたが、その後もさまざまな保護措置がとられ、外国産粗糖の輸入時に徴収される「糖価調整金」を財源に、甜菜・サトウキビの生産者および国内産糖製造者に補塡金を出してきた。砂糖の関税率は従価税換算で328%とされ、TPPの妥結内容でも従来の制度がほぼ維持されることになっていた。

砂糖もバターや脱脂粉乳と同じで、輸入物と国産品とに品質差はないが、産地にとっては非常に重要な作物であるのも事実だ。北海道の畑作農家にとって、甜菜は輪作（土壌中の病害を抑え、地力を向上させるために、同一耕地に異なる作物を一定の年ごとに循環して植えること）の主要な作物である。甜菜の代替作物がないわけではないが、沖縄にはサトウキビに代わる作物はなく、現状の政策を変えるのは現実的に難しい。

甘味資源作物は多くの国が保護の対象としており、TPPより以前に締結された米豪FTAでも関税撤廃リストから除外されるなど「聖域」として扱われている。とはいえ、貿易自由化の流れを踏まえると、永遠に関税撤廃を拒否し続けることができるわけではない。甘味資源作物を守るにしても、国民が納得できるような保護策を考えていく必要はある。

「中級ブランド」の確立が飛躍のカギ

周知のとおり、日本は人口減少局面に入っている。国内のマーケットだけを見れば需要減少が避けられないが、アジアをはじめとする新興国では人口が増えており、食品需要は飛躍的に拡大している。

これを受け、日本でも最近になりようやく農産物を輸出しようという気運が高まってきたが、すでに日本に流通している高品質な農産物を海外の富裕層向けに輸出する程度にとどまっている。新興国で巨大な購買力を持つ中間所得層を取り込んでいく必要がある。

そのためには相手先のニーズを把握し、需要が見込める商品開発から始める必要がある。品質や安全性を確保した上でコスト削減ができれば、より大きな輸出市場を手中に収められるだろう。

日本の生産者の多くは貿易自由化が進展すれば、農産物の輸入が増えるだけだと戦々恐々としている。だが、中国をはじめとするアジア諸国では、消費の伸びに生産が追いつかず、輸出国から輸入国へと転じているのが現実だ。

日本を振り返ってみてもそうだ。第二次世界大戦後の食料難の時代から高度経済成長までは、国民は国内で豊富に生産されるコメを食べて腹を満たした。おかずは野菜や魚など質素なものだった。それが経済成長を経て食生活が西洋化し、肉や油脂類を消費するようになった。

肉の種類も、豚肉や鶏肉から牛肉へと移っていった。鶏肉1kgを生産するには2kgの穀物飼料を与えればよいが、豚肉は4kg、牛肉は7～8kgを必要とする。日本人がより多くの肉を食べるようになったことで、家畜に与える飼料の輸入量も増えた。経済成長によって高まった国民の食肉需要はそれでも満たされなかったため、ついには食肉そのものも輸入するようになった。

要するに日本が過去に経験したことを、いま中国をはじめとする新興国が経験しつつあるのだ。このチャンスを日本の農業が活かさない手はない。

コメはアジア全体で生産量が消費量の増加を上回り、2024年にはそれまでより多い2950万トンの純輸出量が見込まれる。一方、すでにコメの輸入国である中国は24年に

図表2-7　アジアと中国のコメ、牛肉、豚肉、鶏肉の生産量、消費量、純輸出量の予測

（単位：百万 t）

	生産量		消費量		純輸出量	
	2011-13年	2024年	2011-13年	2024年	2011-13年	2024年
コメ：						
アジア	425.3	490.5	401.0	461.0	20.1	29.5
中国	142.0	145.3	143.4	149.6	−2.7	−4.2
牛肉：						
アジア	14.3	18.0	15.3	21.0	−1.1	−3.1
中国	5.6	7.1	5.7	8.0	−0.2	−0.9
豚肉：						
アジア	62.7	78.5	65.8	84.1	−3.2	−5.6
中国	53.2	67.2	53.7	68.9	−0.6	−1.7
鶏肉：						
アジア	26.3	35.6	27.9	40.7	−1.6	−5.1
中国	13.4	18.0	13.3	19.2	0.1	−1.2

資料：農林水産政策研究所「2024年における世界の食料需給見通し」、2015年

輸入量がさらに増える。牛肉、豚肉、鶏肉はいずれも消費の増加に生産が追いついておらず、24年にはさらに輸入量が増える。アジア全体では牛肉と鶏肉の輸入量が約3倍、豚肉は約2倍に増える〔図表2-7〕。

まさに、アジアの胃袋はとてつもなく膨らむ。この巨大市場とどう向き合うかによって、日本の農業にも大きな飛躍のチャンスが生まれるのである。

これまでの日本の農産物輸出は、「日本の食品は味もよく、果物など見た目も美しいので、値段がいくら高くても売れる」という考え方が主流であり、富裕層を主なターゲットにしてきた。だが、経済新興国で増え続けているのは富裕層だけでなく、ボリュームのある中間所得層だ。この中間層のマーケットを

つかむカギは超高級な食材ではない。味と安全性が担保されてなおかつ価格もリーズナブルな、「中級ブランド」の農産物である。

豪州のオージービーフは日本にもおなじみだが、その一方で豪州は世界に向けて、和牛の血統をもつが日本の和牛とは異なる牛肉ブランド「WAGYU」を売り込んでいる。日本はオール・ジャパンで対抗し、これよりもおいしい元祖ワギュー・ビーフをアジア諸国の中間所得層に売り込むべきなのだ。

そしてそのためには大規模な牧場で、省力的な飼育方法によってコストダウンを実現しなければならない。

モノ、ヒト、技術まるごとの輸出を

輸出市場を狙う際のもうひとつの必要要素がマーケティング力だ。よく「日本の農産物は高品質でおいしいから輸出すれば売れる」といわれるが、それはあまりにも短絡的だ。ターゲットとする国でどんなニーズがあるのかをつかみ、そのニーズに日本の農産物ならではの強みを加えて提供しなければ自己満足に終わってしまう。日本はこれまで本腰を入れて輸出戦略上のマーケティングをしてこなかった。生産者自らが直接マーケティング戦略を展開する必要はないが、商社や貿易企業との連携は不可欠である。

アジアに輸出できるものは農産物だけではない。人や技術も輸出できる。すでに、数々の規制や人件費の高さに経営拡大の限界を感じ、日本を飛び出してアジアに生産拠点を広げている先進的な農業者が少なからず存在する。製造業など非農業分野では雪崩を打つように起きた産業の空洞化が、農業でも起きる可能性は——大いにあるだろう。

もっとも、海外では雇用者のレベルや農業機械の質の違いなどもあるので、日本と全く同じような経営ができるわけではない。ならば完全に海外に拠点を移すのではなく、日本人雇用者の高い技術力や機械を使って最高品質のモノを日本国内で作り、アジア諸国では日本の技術を持ちこみながら、低コストの中級品を作るというビジネスモデルは考えられないか？

こうしたモデルは、実は野菜や果物ですでに実践されている。これを畜産で応用できれば、日本の農業の輸出能力は飛躍的に伸びるはずだ。

日本農業をアジア農業のモデルに

貿易自由化の影響が大きいとされた重要5品目だけみても、すでに国際競争に勝てるだけの力を持つ品目が存在する。手厚い保護を受けている稲作でも競争力に長けた農業者がいる。にもかかわらず、日本の農業政策は生産者を全国的な平均値でとらえ、伸びゆく人材の成長機会を奪い、本来市場から退出すべき零細農家を温存してきた。

これからの日本の農業が目指すべき方向性は、アジアをはじめとする海外市場であることは間違いないが、輸出振興にばかり目を奪われてはならない。輸出を本格化させる前に、そしてRCEPなり日米FTAによって輸入が増える前に、国内農業を改革することが最優先だ。

農業者自らの経営努力だけでは農業は変わらない。株式会社に農地の所有を認めていない農地法、指定生乳生産者団体に出荷しなければ、加工原料乳用の上乗せ金がもらえない生乳の制度など、外部からの参入を規制している各種制度の根本的見直しが必要だ。特にコメを本格的に輸出していくには、大規模な生産基地が必要であり、それを実現するには農外企業の資本と経営ノウハウの投入が欠かせない。

日本の農業でもっとも競争力が弱いのは中山間地の農業だ。山間地に沿って作られた1枚ごとの田畑は小さく、傾斜もあるため大型機械が入らない場所もある。スケールメリットを活かした低コスト農業、効率的な生産による輸出拡大といった日本農業に与えられた方向性に、マッチしにくいのは否めない。

だが、地域によっては10〜20ヘクタール規模の経営は少なからず行われている。高低差をなくして平地にするなどの基盤整備により、30ヘクタール規模のまとまった農地を持つ中山間地もある。

平地にはない標高差は場合によってはむしろ武器にもなる。田植えや稲刈りの時期がずれるので、標高の高い地区と低い地区で作業する時期が異なり、労働を平準化させることができる。昼夜の気温差が激しい中山間地は作物の味も良いとされる。

もっとも、こうした強みを最大限に活かしてもなお、中山間地農業のすべてを支えられるわけではない。どこの中山間地農業をどう残すかは、さまざまな観点から検討する必要があろう。

アジアモンスーン型気候のなかでコメを中心とし、中山間地を抱える日本の農業はアジア各国の農業の可能性を示している。日本だけでなく、アジア各国の農業もまたグローバル化が進むなかでの生き残り策を探っている。日本がグローバル化に対応した農業政策を展開し、農業の成長産業化に成功すればアジア全体の農業の発展にも貢献する。そのモデルになることが、これからの日本農業には期待されている。

本間正義（ほんま・まさよし）1951年生まれ。東京大学大学院農学生命科学研究科教授。農業経済学者。著書に『現代日本農業の政策過程』ほか。

コラム2

金子ファーム――「健育牛」ブランドで世界進出を視野に

新しい農業ビジネスモデルのパイオニアたち

青山浩子（農業ジャーナリスト）

青森県七戸町にある金子ファームは、飼育頭数が常時1万1000頭を超え、全国でも上位15、16番目という大規模肉牛経営体である。

乳用種去勢（7000頭）、交雑種（2500頭）、和牛（2000頭）。青森県と岩手県に直営農場12ヵ所、預託農場10ヵ所の計22農場がある。

販路は大手食肉加工メーカーや食肉問屋を通じて、大手量販店や生協などにいく。近年、酪農にも着手し、搾乳用のホルスタイン種（50頭）、ジェラート原料用に乳脂肪率の高いジャージー種（5～6頭）も飼育。2006年に整備した観光牧場にてジェラートショップやレストランも運営している。

現在の従業員は約50人、売上高は約50億円である。

金子ファームの事業概要図

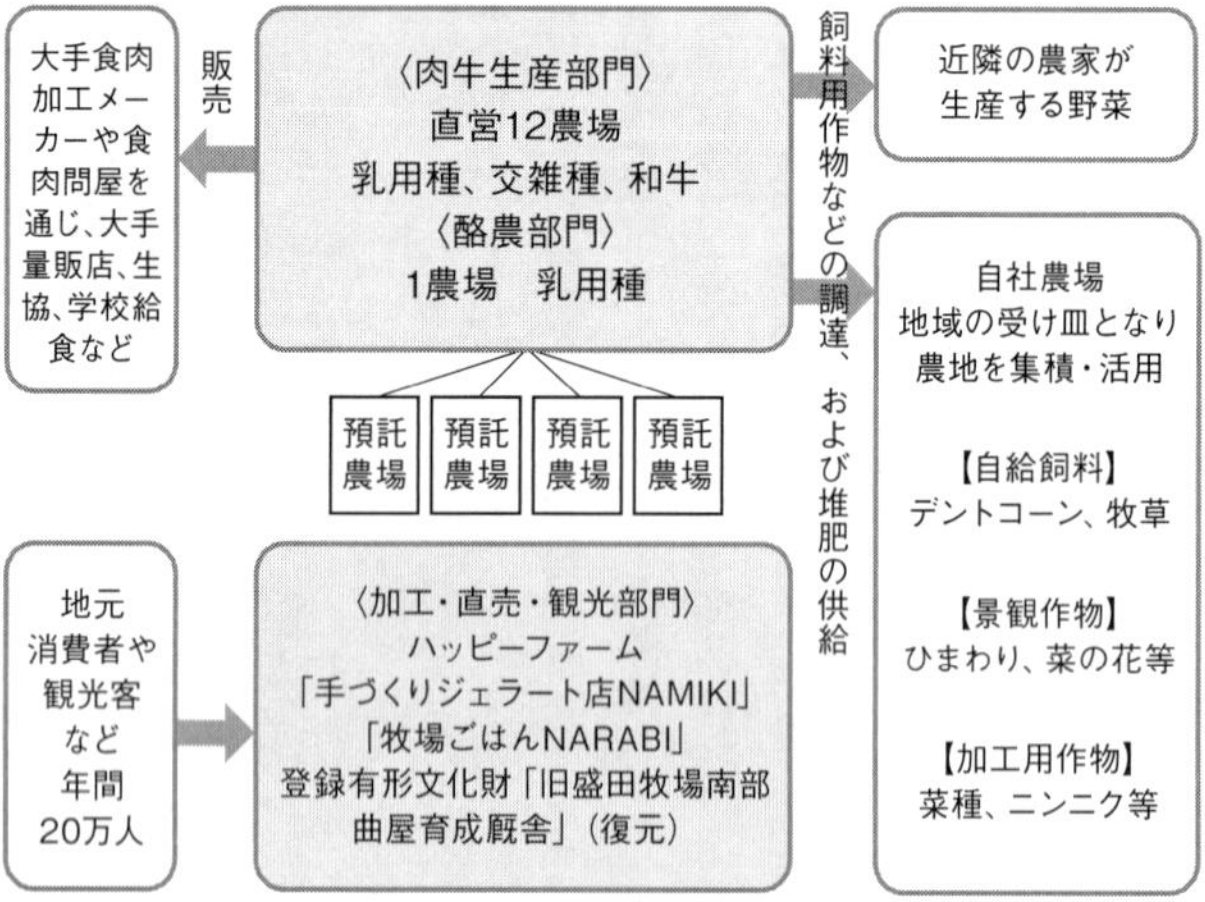

信頼関係構築には最低2年をかける

金子ファームは、農業から一時撤退していた時期がある。１９７４年のオイルショックの影響で牛の価格が暴落。２００頭まで増やした牛をすべて売却し、金子春雄社長は運送業に就いた。

翌75年には肉牛経営に復帰したものの、最後まで育てた牛を卸売市場に出荷するのみならず、途中まで育てた牛を別の農家に売るなど、あらゆることをしてお金に換えた。「自ら芝浦市場に出荷に出かけて、帰路は横浜からエサを積んで一晩中運転して帰ったこともある」と金子社長は言う。

そんな金子ファームが順調に規模を拡大できたのは、一つには、80年代から青森県内に大手食肉メーカーが相次いで工場を建て始め、大量注文が来るようになったからだ。

ただし、引き合いが来てもすぐに取引を始めることはなく、担当者と信頼関係を築くまでに最低2年をかけた。オイルショックが原因とはいえ、一度は廃業した教訓から「二度と失敗はすまい」という思いがあったし、「自ら売り込みをすれば足元を見られる。相互に関係を構築できた段階で始めたほうが事業は長続きする」という判断だった。

強気で交渉できたのは、それだけ商品づくりに余念がなかったからでもある。肉牛経営を始めた当初から、粗飼料を多く与え「子牛を健康に育てる」ことをモットーにしてきた。1000頭を超えた頃からは繁殖をやめて肥育に特化。優秀な繁殖農家と契約し、健康な素牛《もとうし》(子牛)を調達するようになった。

健康な牛づくりの元となる飼料作物の生産にも意欲的で、75ヘクタールの農地でエサ用トウモロコシのほか、菜種などを生産する。菜の花の蜂蜜や菜種油は同社の加工品に、搾りかすは牛の飼料にするなど資源循環も行っている。これらの農地は、地域農家の依頼で同ファームが集積したものであり、担い手不在の農地の有効活用にも一役買っている。

預託農場の難しさ

規模拡大のもうひとつの契機は、食肉加工メーカーの預託契約をしてきた他の農場が、契約の打ち切りで出荷先を失っていたところに同社が助け舟を出し、自社の預託農場とした点にある。

預託農場とは、食品加工メーカーが家畜の飼育を農家に外部委託することを指す。預託農場はメーカーより子牛、飼料などすべて供給され、企業に代わって家畜を管理し、牛1頭ごとの管理費を受け取る仕組みである。

食肉メーカーは飼料代に直結する相場や為替の変動といった、あらゆるリスクを抱えなければならない。一方の預託農家は定期的に管理費を受け取れるために経営は安定するが、牛が死んだり、成績が劣ったりすれば管理費から差し引かれるなど厳しい契約条件になっていた。

「農家への条件が厳しすぎると農家は続けられなくなり、逆に農家を優遇すると食肉メーカーが損する。預託の難しさはそこにある」と金子社長はいう。

かつては食肉メーカーの多くが預託農場を抱えていたが、1990年代後半より採算が合わないとの理由で預託契約の中止が相次ぎ、預託農場は事業存続の危機を迎えていた。

こうした折、金子社長は、食肉メーカーと預託農場の双方から相談を受け、金子ファームが求める飼育方法に賛同する農場に限り、自社の預託農場として経営を継続してもらうことにした。

預託農場には、金子ファームが提供する飼養管理マニュアルに基づいて牛を飼育してもらい、出荷後には各預託農場に肥育の成績をフィードバックするなど情報の共有化をしたのである。

牛の管理がずさんなため、早期に契約を打ち切った農場もあるというが、同社の預託農場になったことで経営が好転した農場は多い。現在も経営不振の農場の受け皿となってほしいという要請がJA経由でも定期的に来るという。

その一方で食肉の取引先からは「もっと食肉の発注を増やしたい」というリクエストも頻繁に受ける。規模拡大の条件は整っているが、「規模拡大は子牛が確保できるかどうかによる」と慎重な態度を崩さない。

安全性を高めてブランド化

牛に、抗生剤の一種であるモネンシンの投与を行わない――これもまた金子ファームの特徴の一つである。モネンシンは、下痢、鼓脹症といった病気を抑え、体重を増やすなどの効果があるため多くの農家が使っているが、「質のよい草をたくさん食べさせて胃を丈夫に育ててやれば（モネンシンを）使う必要はない」という方針を貫いている。外部から調達する子牛にはモネンシンが与えられているが、毎月350頭という最大頭数を導入している北海道の牧場からはモネンシンを投与しない子牛を調達している。

他の肉牛との差別化を図って、生まれてから出荷するまでモネンシンを投与しない牛を「健育牛」という名称で出荷し、大手量販店や生協などに販売している。ホルスタイン種の約半分が健育牛だ。

健育牛は卸売市場の相場よりプラスアルファの価格で取引されるが、体重がすぐに増えない点などを加味すると高値販売にはなっていないという。

ただし金子社長は「（一頭一頭を）高く売ろうとすると、どちらかに無理が生じて取引が続かない」とも述べており、そもそも高く売ろうとは考えていない。あくまでも金子ファームの顔として認知してもらうというスタンスである。

輸出への意欲

取引先から「もっと肉が欲しい」と要望されている同社にとって、さらなる規模拡大は現実的な攻めの選択肢だ。しかし問題は、酪農家の相次ぐ廃業によりホルスタインの子牛の確保が難しくなっていることである。

全国の酪農家戸数は2014年2月時点で1万8600戸と、過去10年間で府県では4割、北海道で3割弱も減った。高齢化や後継者不足、経営不振を原因とした廃業以外にも福島県の畜産農家については、東日本大震災・福島第一原発事故にともなう廃業も多数あったとされる。

金子ファームが導入する子牛の頭数は月に800頭。北海道をはじめ10以上の農場から導入しているが、それだけでは確保できず、金子社長の長男が月の半分をかけて全国をまわり、家畜市場で子牛を仕入れている。優秀な子牛を集めるには相当の労力がかかるとのことだ。

こうした現状から、同社では酪農経営にも乗り出している。

現在、酪農牧場は1ヵ所。経営不振に陥った牧場をJAの仲介で引き受け、2名のスタッフで50頭を管理し、とれた牛乳はJA全農に出荷している。

将来的にどれほど増やしたいという具体像は抱いていないが、「酪農は（雌牛から）牛乳を搾りながら、子牛（雄牛）の生産ができる。和牛の受精卵をホルスタインの母牛につければ和牛の生産もできるなど複合的な魅力がある。肉牛から軸足を移すというところまではいかないかもしれないが、今後増えていくのは確か」と金子社長は語る。

まだ具体的に乗り出しているわけではないものの、金子社長は輸出にも意欲を持っている。

「豚肉や鶏肉に比べ、輸入牛と国産牛（和牛）の差別化を図りやすい牛肉は輸出が大いに期待できる。価格は高くても品質の高い牛肉を食べたいと思う消費者層は世界中にいる」という見方を示す。

一方で輸出拡大のための販路開拓、代金決済など農家が全面的にリスクを抱え込むことは非現実的であり、「国の積極的な支援が必要」ともいう。

「牛肉を輸出するために許可を得ていると畜場が全国にわずか3ヵ所しかないのも問題だ。各県に1つとまではいかなくとも、さらなると畜場の整備は必要」と金子社長は言う。

（データはいずれも2013年当時）

3

デジタル農業の時代

ビッグデータとクラウドが農業を変える

森川博之（東京大学先端科学技術研究センター教授）

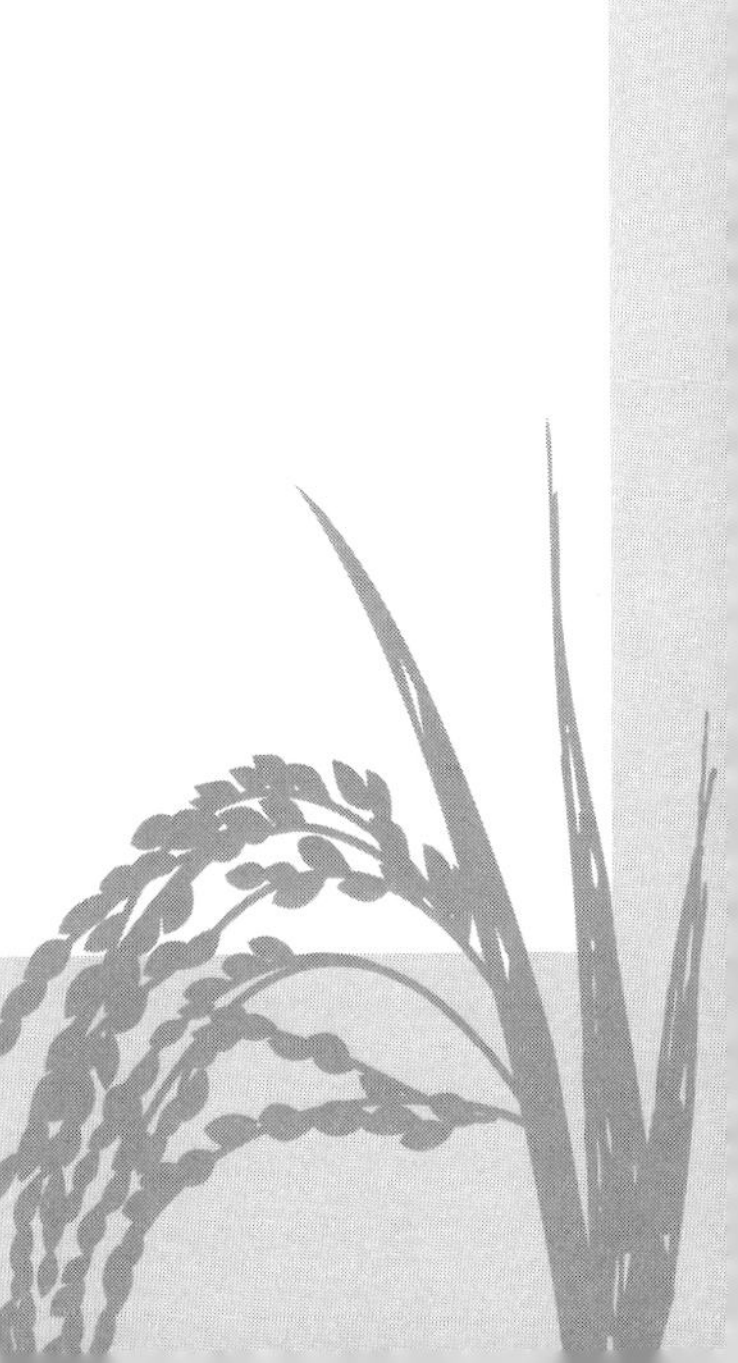

デジタル農業の時代

農業の難しさは、作っている作物は毎年同じものであっても、その年ごとの気象条件によって収穫量や品質が大きく変わってしまう点にある。気象条件に左右されることなく毎年安定した生産量を確保するには、農業者自身が「経験」を積み、「勘」を養うことが不可欠である、とされてきた。

だからこそ多くの農業者は、自分がいつ種を播《ま》き、肥料を入れ、収穫したか。収穫量はどれくらいだったか――などといった点について細かく記録、あるいは記憶してきた。収穫が終わったところで当初の計画とどの程度の乖離《かいり》があったかを検証し、翌シーズンの参考にするためである。このようにして蓄積された膨大な知識やデータを自らの頭に叩き込み、タイミングや量を身体で覚えることで農業者の「経験」や「勘」は培われてきたのだ。

ところが近年、こうしたアナログ的なデータ管理方法はデジタルに置き換わりつつある。田畑にスマートフォンやタブレット端末を持参し、作業した内容や時間をその場で入力する農業者はもはや珍しくない。先人たちが身体や頭で記憶してきたことを、彼らは「数値化」し、「見える化」することで活用している。

たとえばミカンの名産地・静岡県にあるJAみっかびでは、農家の技術継承を目的に、栽培技術の「見える化」を目指している。品質の高いミカンを作る熟練農家にアイカメラを装着しながら作業してもらい、その農家がどこを見ながら（どの部分に注目しながら）作業をしているのかをビジュアルとして記録、分析、データ化している。

経験の浅い若手農家でもこのデータを教材にして勉強すれば、ベテランの篤農家の技術水準により効率的に近づくことができる、という仕組みである。

今日では全国各地にある農産物直売所でもＰＯＳ（販売時点情報管理。商品が販売された時点での売上情報に基づいて売上や在庫を管理する）システムの導入が進んでいる。「何がどれだけ売れたか」といった情報は、農家一軒ごとに決まった時間に届けられ、「売り切れた」との情報を受け取れば、農家はすぐに畑で収穫し、その日のうちに店に持っていくことも可能である。

経験と勘に頼ってきた農業から、データとマニュアルを活用する農業へ。時代は確実に変わりつつあるのだ。

データ活用で生産性向上

このようなデータを活用した農業の代表格は、現状ではビニールハウスやガラスハウスで野菜や花を作る「施設栽培」だろう。

施設栽培の農業者は、基本的な項目だけでも、温度（施設内の気温だけでなく地面の温度も）、湿度、二酸化炭素（CO_2）濃度、光の強さ、日射量、風向き、風速、降雨、養液（植物の生長に必要な栄養分を溶かした液体）の濃度……など実に多種多様なデータを扱う。これらを常にチェックし、ハウスの内部が作物にとって最適の環境になるよう留意しているのだ。

それゆえに、ハウスを「自動制御」するシステムの導入も進んでいる。ハウス内に複数の温度センサーを設置することで、温度が上がれば天井の窓を開いて換気、逆に温度が下がったら窓を閉め、加温機を作動させるといった動作を、ハウスが自動的にやってくれるのだ。

こうした施設園芸の環境制御技術に関して、いま世界で最も進んでいる国が「農業輸出大国」のオランダである。

日本の施設栽培の場合、自動制御の導入はそれなりに進んでいるとはいえ、まだ大半は先ほど述べたような、窓の開閉や空調の自動化どまりだ。しかしオランダの施設園芸の場合、温度、湿度はもちろん、CO_2や養水分、日射量から風向きに至るまでの項目が、いずれも各作物に最適の生育条件になるようコントロールされている。

こうした制御システムの差は、両国の生産性に如実に表れている。施設栽培の代表的な作物であるトマトの生産量を例に比較すると、平均的な日本の生産者が1㎡あたり20kg前後のトマトを生産するのに対し、オランダでは70kgという生産者が珍しくない。

農産物とデータの関係は、生産現場だけで完結する話ではない。たとえば物流業者や流通業者は、輸送経路や農産物ごとに適した保管温度、積み下ろしの回数などを集計・分析しており、農作物が収穫され卸売市場やＪＡに出荷されてからは、これらの物流データが大いに活用される。小売店に届けられた後も、市場価格データをもとに徹底した商品管理がなされている。

もはや消費者だってデータと無縁ではない。最近では、消費者が自分の毎回の食事の写真を撮るだけで手軽に健康管理に役立てるための仕組みも生まれている。東京大学相澤研究室が開発した画像認識技術を応用して、ＩＴ企業「フードットログ」が２０１３年７月にリリースした「ＦｏｏｄＬｏｇ」というアプリがそれだ。

登録すれば誰でも無料で利用できるこのサービスでは、ユーザーは食事ごとに自分が食べる料理をスマートフォンなどで撮影。それを食後にＦｏｏｄＬｏｇを使ってアップロードすると、画像解析により料理名が特定され、自動的に「主食」「副菜」「主菜」「牛乳・乳製品」「果物」に分類され、カロリー計算までしてくれる。自分がバランスの取れた食事ができているかどうかを簡単にチェックすることが可能なうえ、次の食事や翌日の食事で何を食べればいいか、選択する参考にもできるというわけだ。

ＩＣＴで不作の原因を特定

高齢化に伴う離農者の増加は、半面では「規模拡大」を志向する農家のもとへ水田を集積させる動きをも加速させている。日本でも近年、大規模経営を行う農業者が増えつつある。

政府もまた農業の大規模化がますます進むとの予測にもとづき、大規模経営に適した栽培技術や経営管理技術を確立し、次世代に伝えていくための事業を行っている。

大規模稲作農家のほか、行政、企業、研究機関、ＪＡなどで組織した「農匠ナビ１０００研究コンソーシアム」に委託して行われているプロジェクト「農匠ナビ１０００」がそうだ。２０１４年からは４名の稲作農家が管理する１０００枚余りの水田を実験場に、情報通信技術（Information and Communication Technology：ＩＣＴ）を稲作に活用するための実証実験が行われている。

現在、実験が進められている技術のひとつが「ＩＴコンバイン」だ。稲収穫用機械であるコンバインにコンピュータが搭載されており、稲を収穫すると、水田１枚ごとの作業時間や収穫量、燃料消費量が自動的にクラウドに保存される。こうしたデータを集めることで田んぼごとの収穫量の差が一目瞭然となるため、特定の水田で収穫量が少なかった場合には、原因究明のための基礎データとして役立てることもできる。

また、「水田センサ」というツールを活用したクラウドシステムの実証実験も行われている。このツールでは、水田に立てたアンテナから気温や湿度、田の水位（水の深さ）、水温などの情報がリアルタイムでクラウド送信され、スマートフォンやタブレット端末で確認できるのだ。

「農匠ナビ１０００研究コンソーシアム」では、参加する４法人の水田一枚一枚（つまり合計１０００枚強）にセンサーを設置し、10分間隔で水位、水温、温度、湿度を計測してクラウドに保存している。これほどの大規模な実証実験は、世界でも初めての試みだという。

このＩＴコンバインと水田センサを使うことで収量の少ない水田に「ある共通点」があることを発見したのが、茨城県にある「横田農場」の社長・横田修一氏である。

水田は常に水が張られているため、土の中の酸素が不足して有毒なガスや酸が発生しやすく、稲の根の発育が悪影響を受けることがある。したがって田植えをしたあとには一旦水を抜き、太陽の光に当て乾燥させ、土中に酸素を補給しなければいけない。しかしこの「中干し」の期間が短かったというのである。

横田社長は、従業員から「どの水田も同じ期間中干しを行った」との報告を受けていたというが、蓄積されたデータを見るかぎり、水田によって中干し期間に差があることは明らかだった。裏を返せば、ＩＣＴを活用しなければ、中干し不足が原因と特定するのは難しかったかもしれない、ということである。

横田社長も「データを活用し作業を見える化することで、いままで気づかなかったことがわかり、水田による収量のバラつきを減らすための原因をみつける手掛かりとなる」と言う。

稲作農家にとって、水の管理はほかの何よりも気を使う仕事だ。これまでは自らの足で田んぼをこまめに回って水温や水位を確認する以外の方法はなく、管理する水田が３００枚に及ぶような大規模農家の場合、水回りだけで半日かかることもあるという。

しかし熟練農家の水管理のパターンをデータ化し、マニュアル化できるなら話は別だ。「田植えをしてから約△日の間は、水位を×cm程度に保つべきだ」といったマニュアルがあれば、経験の浅い新規就農者でも多くの田を管理できるようになる。

「健康と食物」の関係も明らかに

インターネット上にデータの保存先を作っておくことで、いつでも好きな時に情報の保存・取り出しができる、いわゆる「クラウド」技術の発達は膨大な情報の集約を促し、これらのデータを高度に解析してビジネスに応用する「ビッグデータビジネス」を生み出した。

「農」と「食」に関しても夥《おびただ》しい量・種類のデータがすでに存在し、いまや農業経営もビッグデータと切り離して考えることはできなくなっている。

私は、こうした膨大なデータを「エンジン」として活用する農業のことを、「データ駆動型農業」と呼んでいる。このように言うと、生産性の向上や熟練技術の継承などといった具合に生産者にだけメリットがあるように思われるかもしれないが、実は、消費者の健康維持・増進にも大いに活用可能なものである。

たとえばここに、1本のニンジンがあるとしよう。現代のICT技術を農業に応用すれば、栽培から収穫までの過程を通じて、この1本のニンジンについて以下のような情報を得ることができる。

・ニンジンが育った土壌、水に関するデータ（土壌診断データや水質調査データ）
・栽培に関するデータ（品種、肥料の種類、農薬の使用履歴など）
・品質に関するデータ（甘さ、機能性など）
・残留農薬に関するデータ

このような農業を通じて得られるデータに、生活習慣病の病歴などを含む自己診断データを組み合わせることで、消費者が食べるべき野菜、買うべき野菜を自由に選択できるようになる時代がいずれやってくるだろう。

もちろんこれは、将来的に野菜の栽培方法・品質と健康との相関関係が科学的に裏付けられたならば、という前提があっての話だが、それでも今後、農産物に関するデータと消費者がどの食品を食べたかについての膨大なデータが蓄積され続ければ、今までは明確には言えなかった食品と健康の相関関係も次々に明らかにされていくはずである。

たとえば、「有機野菜を多く食べているグループは、一般的な野菜を食べているグループよりもガンになりにくい」とか、「風邪をひきにくい」といった相関関係が統計的に明らかにされれば、今述べたようなことはすべて現実になる。

この技術を応用すれば、「疲れ目に効く機能性食品を食べたい」などの消費者からのリクエストにもとづき、そうした成分が豊富に含まれる農産物を種の段階から開発し、生産から流通へとつなげていくこともできる。消費者の側も、自らの健康増進に有益な野菜をつくっている農家を探して、定期的に送ってもらうことが可能になる。

さらには、ある人の現在の食生活から未来の健康状態を予測したり、農産物の栽培履歴を消費者の健康管理に活用していくようなこともやがて可能になるだろう。

〔図表3－1〕は、東京大学アンビエント社会基盤研究会農林環境ワーキンググループが、データ駆動型農業によって実現できる社会を図表にしたものである。データ駆動型農業の可能性がいかに多彩な領域にまたがっているか、この1枚の絵からも分かると思う。

食品ロスを防ぐ切り札に

農林水産省の「平成25年度食料需給表」などによれば、日本では食品由来の廃棄物が年間で2797万トン排出されている。そのうち本来食べられるにもかかわらず廃棄される「食品ロス」は632万トンに及ぶと推計されている。

日本のコメ需要量は約750万トンだから、主食であるコメの総需要量に匹敵する食品が、まったく無駄に捨てられている、という計算になる。2016年にはその隙間を縫うように、カレーチェーン店が廃棄したはずの食品が転売されていた事件が明るみになった。

野菜も残念ながら、生産量に対する廃棄率が30％程度と、捨てられる部分が特に多い食品である。鮮度が落ちてスーパーなど小売店で捨てられるもの以外にも、大きすぎる、変形している、といった理由で、出荷前の段階で農家が廃棄している食品が多いためだ。

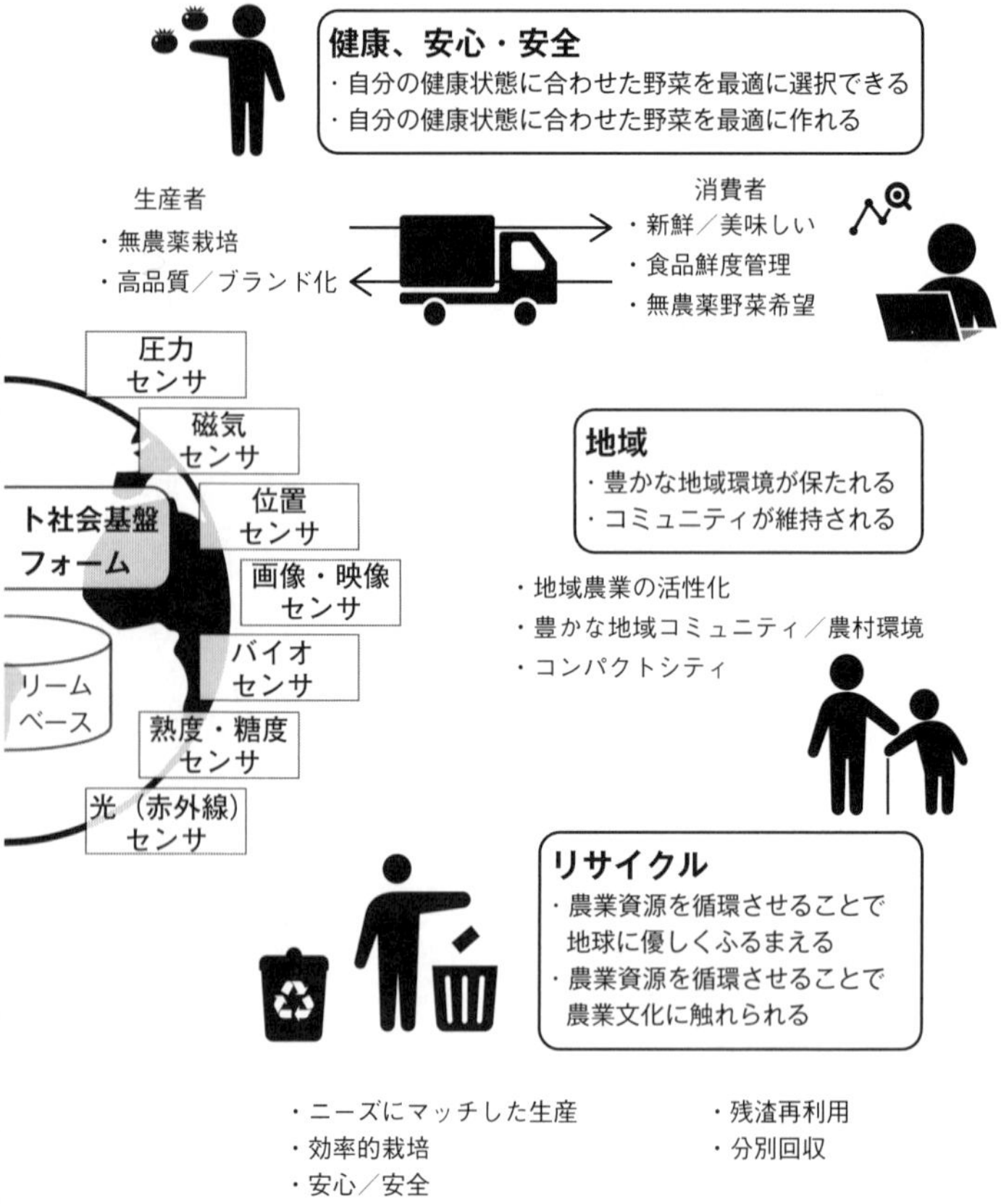

東京大学アンビエント社会基盤研究会農林環境ワーキンググループ資料をもとに
編集部で作成

図表3-1　データ駆動型農業によって実現できる社会

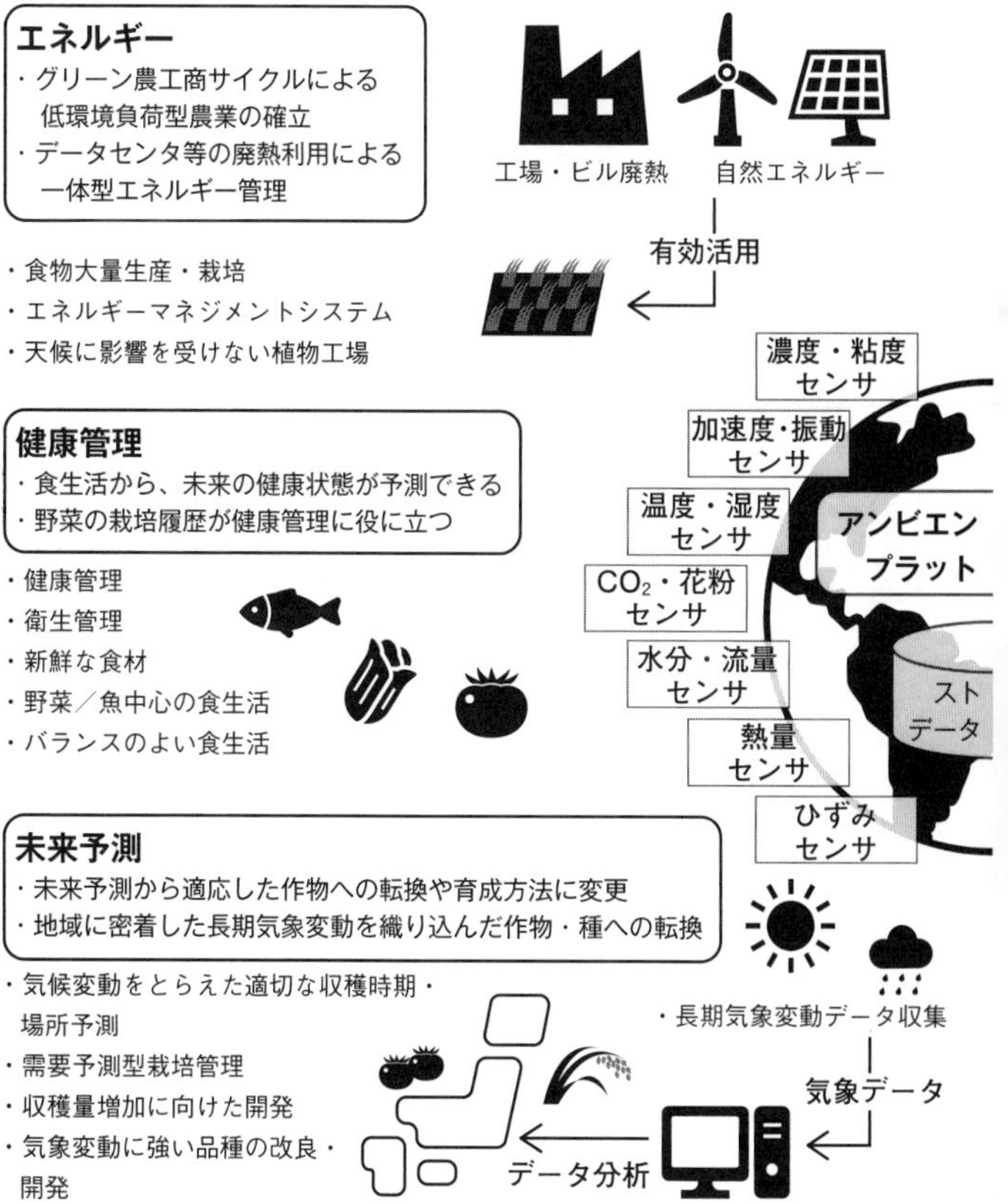
エネルギー
・グリーン農工商サイクルによる
低環境負荷型農業の確立
・データセンタ等の廃熱利用による
一体型エネルギー管理
工場・ビル廃熱
自然エネルギー
有効活用
・食物大量生産・栽培
・エネルギーマネジメントシステム
・天候に影響を受けない植物工場
濃度・粘度
センサ
加速度・振動
センサ
温度・湿度
センサ
CO_2・花粉
センサ
水分・流量
センサ
熱量
センサ
ひずみ
センサ
アンビエン
プラット
スト
データ
健康管理
・食生活から、未来の健康状態が予測できる
・野菜の栽培履歴が健康管理に役に立つ
・健康管理
・衛生管理
・新鮮な食材
・野菜／魚中心の食生活
・バランスのよい食生活
未来予測
・未来予測から適応した作物への転換や育成方法に変更
・地域に密着した長期気象変動を織り込んだ作物・種への転換
・気候変動をとらえた適切な収穫時期・
場所予測
・需要予測型栽培管理
・収穫量増加に向けた開発
・気象変動に強い品種の改良・
開発
・長期気象変動データ収集
気象データ
データ分析

だがデータ駆動型農業は、こうした食品ロスを減らし、資源リサイクルを進めるという観点からも意義がある。

限られた資源をリサイクルして使う意義がすでに社会的に共有されているにもかかわらず、食品のリサイクルが一向に進まないのは、廃棄食品を回収するにも、肥料や飼料として再生産するにもコストがかかりすぎるからだ。しかしこのコストを生産者と流通業者、消費者の三者が協力することで削減できれば持続可能な社会の実現にも貢献できるし、三者それぞれにもメリットがある。

まず消費者の立場から見ていくと、買った野菜や加工品を冷蔵庫についつい入れっぱなしにし、気がつけば賞味期限や消費期限を過ぎてしまった、という事例はよくある。だが商品ごとの賞味期限や消費期限に関するデータを読み取り、期限が近付くとショートメッセージで知らせてくれる機能を持つような冷蔵庫が普及すれば、期限切れによる食品廃棄は、今よりずっと減らせるだろう。

また生産者サイドの収穫時期予想と流通側の需要予測を組み合わせれば、消費タイミングに応じた無駄のない物流・流通を組むことができる。これにより販売者が廃棄を最小化できる一方、生産者の収益最大化にも資することができる。

さらにデータの活用次第では、廃棄物の回収の最適化や廃棄物の品質管理、需給量などの予測も可能となり、付加価値の高い高品質な二次製品（肥料ほか）を安価に安定供給する、高度なリサイクル社会を実現できる。

なおビッグデータとの関連は必ずしも高くないが、最近になり米マサチューセッツ工科大学（ＭＩＴ）の研究チームが開発した、果物が熟成すると発生するエチレンガスを微小量から検出できるセンサーが注目されている。

米国では、スーパーマーケットに並んでから、熟《う》れ過ぎや傷みのために廃棄される果物・野菜が全体の１割程度あるといわれる。だがＭＩＴが開発したこの安価なセンサーを果物・野菜の入った段ボール箱に取りつければ、箱の中に充満したエチレンガスの量を測定し、その測定結果を携帯型のデバイスに送ってくれる。この値により果物の熟れ具合が分かるため、小売店は果物が熟れ過ぎる前に販売し、ロスを減らすことができるというわけだ。

「農業共生型」スマートシティ

近年、ＩＣＴや最先端の環境技術を駆使して街全体の電力の有効利用を図り、省資源化をめざす環境配慮型の都市「スマートシティ」が注目を浴びている。

だが、スマートシティをめぐる議論は、現状、大都市を中心とした大規模開発を対象にして語られすぎているきらいがある。スマートシティは本来、自然、歴史、文化などの多様性に対応すべきものだ。都市のルーツが農村にあること、また産業としての農業の役割を考えるなら、自然との共存をも視野に入れた、「農業共生型」スマートシティの価値についても議論しなければならないはずである。

農業共生型スマートシティを検討する際も、最優先されるべきは、環境への配慮、環境負荷をいかに抑えるかだ。

農産物は、自然界に存在する水や太陽の恵みを受けて生育するが、一方で近代的な農業は化石燃料や電力に頼る部分も大きい。施設栽培では暖房がなければ野菜や果物を年間を通して安定出荷できないし、トラクターやコンバインなどの農業機械も化石燃料なしには動かない。こうしたエネルギーを節約する取り組みは、もちろん大切なことである。

だが、地域が一体となってエネルギーを管理する仕組みができれば、環境負荷削減の効果はさらに大きくなる。たとえば、化学工場から排出される二酸化炭素を回収し、施設栽培を行っている農場に運びこんで再利用するのだ。二酸化炭素には農産物の光合成を促進する働きがある。光合成が進むと、作物の生育がよくなるので収穫量が増え、種まきから収穫までの期間が早まり、施設の回転率が高まることになる。

これは決して夢物語ではなく、オランダではすでに実現している。南ホラント州ホンセラースデイクの6軒のトマト農家が、種苗メーカー、資材メーカー、金融機関ほか多数の企業から出資を受けて設立した「トマトワールド」社では、石油精製工場から排出された二酸化炭素を、パイプラインを通すことで自社の温室に放出し、トマトの生産を行っている。

17ヘクタールという広大な農場を運営する農場主は、「二酸化炭素を使用する以前と比べ、生産性が30％向上した」と話していた。

このトマトワールドに二酸化炭素を供給しているのが「ＯＣＡＰ」（Organic CO_2 for Assimilation of Plants）という企業だ。産業界で余剰になった二酸化炭素も農業界にならう売れる点に目をつけた建設会社とガス会社が、２００5年に共同出資して設立した。現在はロッテルダムにあるロイヤル・ダッチ・シェル社の石油精製工場から排出された年間約30万トンの二酸化炭素を回収し、同社がパイプラインを使って約５００ヵ所の生産者に向けて輸送している。

またオランダの施設栽培農業者は、コージェネレーション（熱電併給）システムを利用した売電も行っている。具体的には、温室の暖房用の熱源とするために天然ガスやＬＰガスを燃やした際に生じる廃熱を回収し、その廃熱で発電した電気を販売することで農場の副収入にしているのだ。農業者は食料生産者であると同時に、エネルギー事業者としての顔をあわせもっているわけである。

日本でもこうした仕組みが導入されれば、産業や地域を総合的に結びつける農業共生型スマートシティが構築できる。

なお環境配慮型のスマートシティを作り上げるには、その地域に固有の産業、自然、文化、歴史などを全体的に組み込み、どのような産業がその地域では持続可能かを最初にデザインしておくことが大事だ。同時にこれは、競争力の高い農業づくりにもつながる。

都市で暮らしている人には農村にふるさとを持つ人も多いし、余暇を利用して農村に出かけ、週末農業を楽しんでいる人もいる。都市住民が口にする食料は農村で展開される農業が支えている。

都市と農村との共存を視野に入れた農業共生型スマートシティの実現は多くの人にとって受け入れやすい概念ではないだろうか。

リスクをビジネスに変える

ただ、農業におけるデータ活用がこの先どれほど広がりを見せようとも、農業が農業である以上は変わりようがないこともある。本章の最初でも述べた、自然環境に大きな影響を受けてしまう点はその最たるものだ。

農業者には、異常気象や地震のような自然環境リスクが常につきまとう。天候の影響を受けて農産物の作柄が変化すれば、市場価格も変動し（価格リスク）、農業者の所得が激減するケースもありうる。

また政府の農業政策や制度が変われば、補助金の金額や支払い方法も変わるため、やはり農業者所得に関わってくる（政策リスク）。農業をビジネスとして成功させるには、農業にはさまざまなリスクがあることを覚悟した上での、高度なリスク管理が必要になる。

こうした農業のリスク管理に役立つサービスのひとつが保険だろう。米国にある保険会社「クライメート・コーポレーション」では農業者向けに天候条件の悪化などで農産物の収穫量が大幅に減った場合、その損害を補償する「収入保険」を提供している。加入者が払う保険料は、地域や作物、土壌条件に応じて細分化されている。

このようなサービスが可能なのも、同社が米農務省や民間気象情報企業が公開している気象データや過去の収穫量、土壌に関する情報など膨大なデータを集積し、それを基礎に保険価格の決定やリスク分析を行っているからである。

同社は2013年、米国に本社を置く多国籍バイオ化学メーカー・モンサントによって買収された。モンサントといえば遺伝子組み換え作物の販売でよく知られているが、同社も種子や化学肥料を主力とするビジネスから、データを活用したビジネスへの転換を図っていることが窺える。

日本にも、自然災害により収穫量が平年に比べて減った場合の保険制度（農業共済制度）はあるが、豊作などの理由で市場価格が落ち込んだ場合の収入減少分を補填する制度は存在しない。政府もその点に気づき、現在はありとあらゆる価格下落リスクを網羅する収入保険の導入を検討中だ。

農業や農業者が抱えるリスクは多岐にわたっているが、しかしそのぶんリスク管理に関わる新ビジネスは、今後花開く可能性がある。

官民一体ですべてのデータをオープンに

本章で紹介してきたようなデータ駆動型農業は、すべてはデータを集めることから始まるが、かといってどんなデータでも集めればそれだけでビジネスとして成立し、付加価値を創造できる、というものでもない。

取得するデータの精度を高め、集めたデータを深いレベルで分析するには相当に高度な仕組みをつくる必要があり、そのためには生産者から物流・流通業者、販売業者、消費者など農業のあらゆる段階にかかわる人々がそれぞれデータを持ち寄り、共同活用するための「場所」（プラットフォーム）を構築しなければならない。

この「場所」は、何もリアルな空間である必要はない。クローズドなSNSなど、インターネット上につくられた仮想の場所で十分である。

メーカーはメーカー、流通業者は流通業者、農業者は農業者という縦割りに安住しているだけでは、刻々と変化し、果てしなく多様化する消費者ニーズに対応できない。だが各分野のプレーヤーが自由に出入りできる環境が整えば、栽培管理、品質管理、物流管理、流通管理、販売管理、顧客管理などそれぞれが集積したデータを持ち寄り、組み合わせることが可能になる。消費者が求める食品の開発やブランドづくり、集客効果アップのための戦略を考えることにもつながる。

欲を言えば、この「水平統合型プラットフォーム」では、公的機関が保有しているデータがオープンにされればなお効果的だ。わが国の農水省、気象庁、自治体などは膨大なデータを保有している。これらと民間のデータを連携していくことで、先に述べたようなクライメート・コーポレーションのように農業者にとって役立つ、新たなビジネス展開ができるだろう。

かつてピーター・ドラッカーは、「蒸気機関が鉄道の登場を促し、鉄道の登場がめぐりめぐって郵便、銀行、新聞の登場につながった」と喝破した。この言葉を情報通信の現状にあてはめるなら、「情報通信技術がインターネットや携帯電話の登場を促し、ネットや

図表3-2　ICTの汎用性

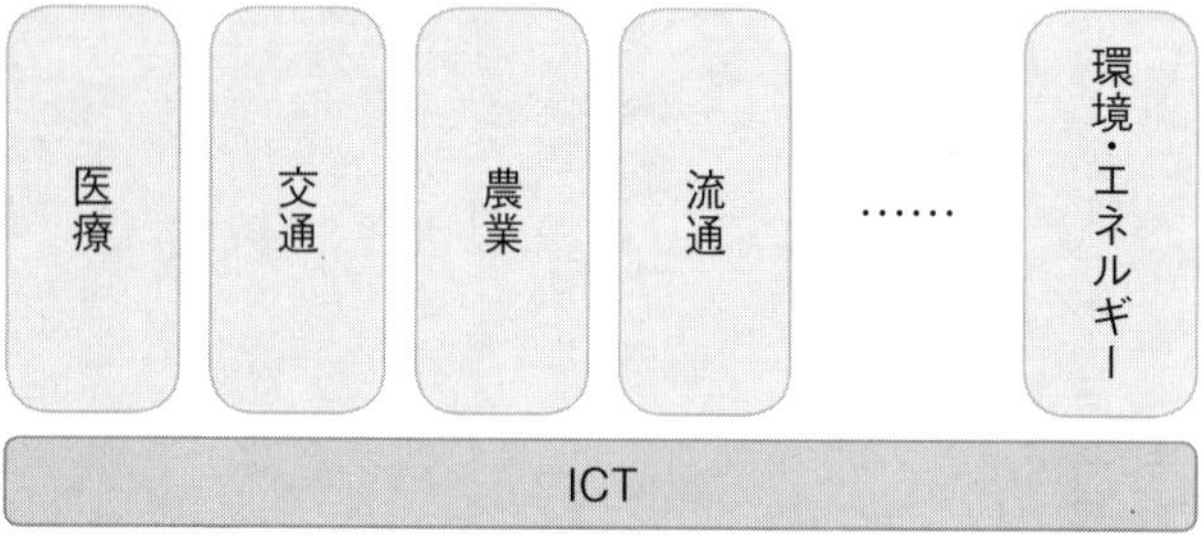

図表3-3　M2M（Machine-to-Machine）の最終目的

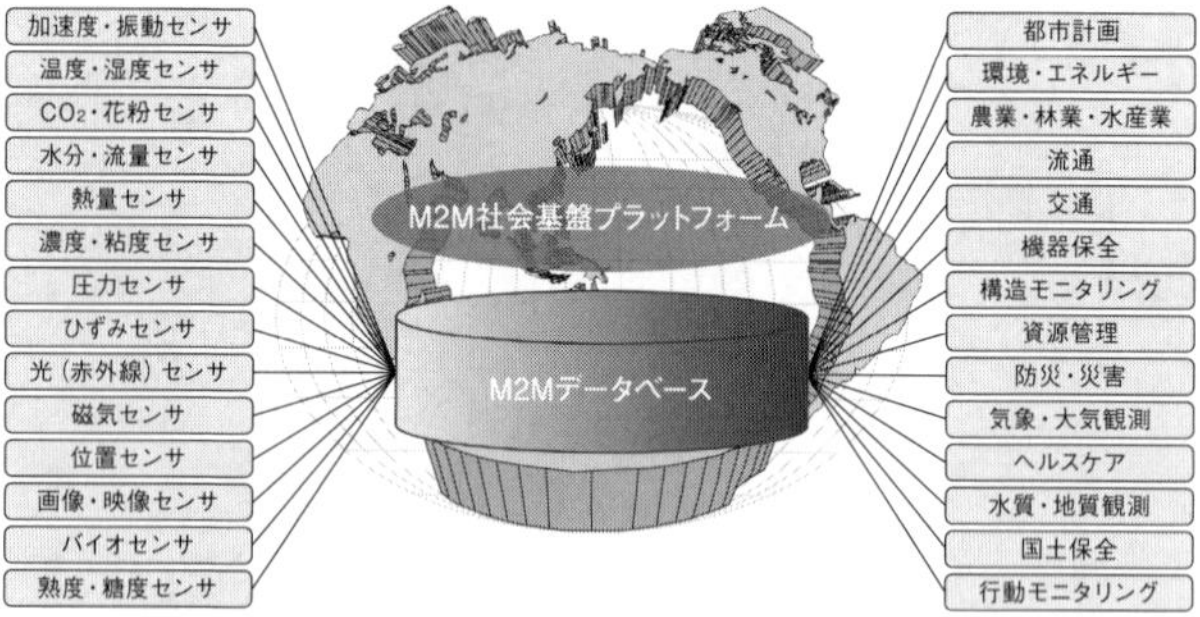

さまざまな機械が通信により融合することで、農業、都市、環境、流通、資源、医療等の生産性を高め、新サービス創出に資することができる

出典：新世代M2Mコンソーシアム

携帯電話の登場がめぐりめぐって新たな産業の登場につながった」と表現できるだろう。

蒸気機関という汎用技術が新たな産業の創出に貢献したのと同じように、情報通信技術は、農業、流通、交通、医療、環境・エネルギーなど、これまで単独で存在してきた産業を密接に結びつけようとしているのである〔図表3－2〕。

高速ブロードバンドや高機能携帯電話はすでに広く普及しつつあるが、農業分野においてはデータの収集および活用はまだまだ初期段階にある。流通、医療、教育、環境、都市問題、資源管理ほか、それぞれの産業を情報通信技術によって抜本的に変革し、プレーヤー同士のネットワークを深めていくことで、農業分野に新たなビジネスの創造が実現でき、やがては農業を成長産業へとつなげていくだろう〔図表3－3〕。

森川博之（もりかわ・ひろゆき）１９６５年生まれ。東京大学先端科学技術研究センター教授。情報ネットワーク研究者。

コラム3

新しい農業ビジネスモデルのパイオニアたち

イノチオグループ――「新しい農業」を提案する総合支援事業

青山浩子（農業ジャーナリスト）

自ら農業生産に参入

愛知県豊橋市にあるイノチオグループ（旧イシグログループ）は、肥料、農薬の卸販売を手掛けるイノチオプラントケアをはじめ、ガラス温室・ビニールハウスなど農業用施設の設計・施工・販売を手掛けるイノチオアグリほか13の企業からなるグループである。農業者への栽培技術指導や経営支援に加えて自らも農業生産に参入し、トマトなどの野菜の生産、販売を行うなど〝農業総合支援事業〟を展開している。

長らく、本社を置く愛知県を中心に東海地方の農業者を主な顧客としてきたが、2008年に菊の育種・種苗販売を手掛ける精興園（広島県）を子会社化し、山形県で農業資材販売を行ってきた山形日紅、株式会社ひまわり（現イノチオ東北）の事業を継承したことで顧客が全国に拡大した。現在の顧客である1万2000人の農業者は東海地方が6割

イノチオグループの事業概要図

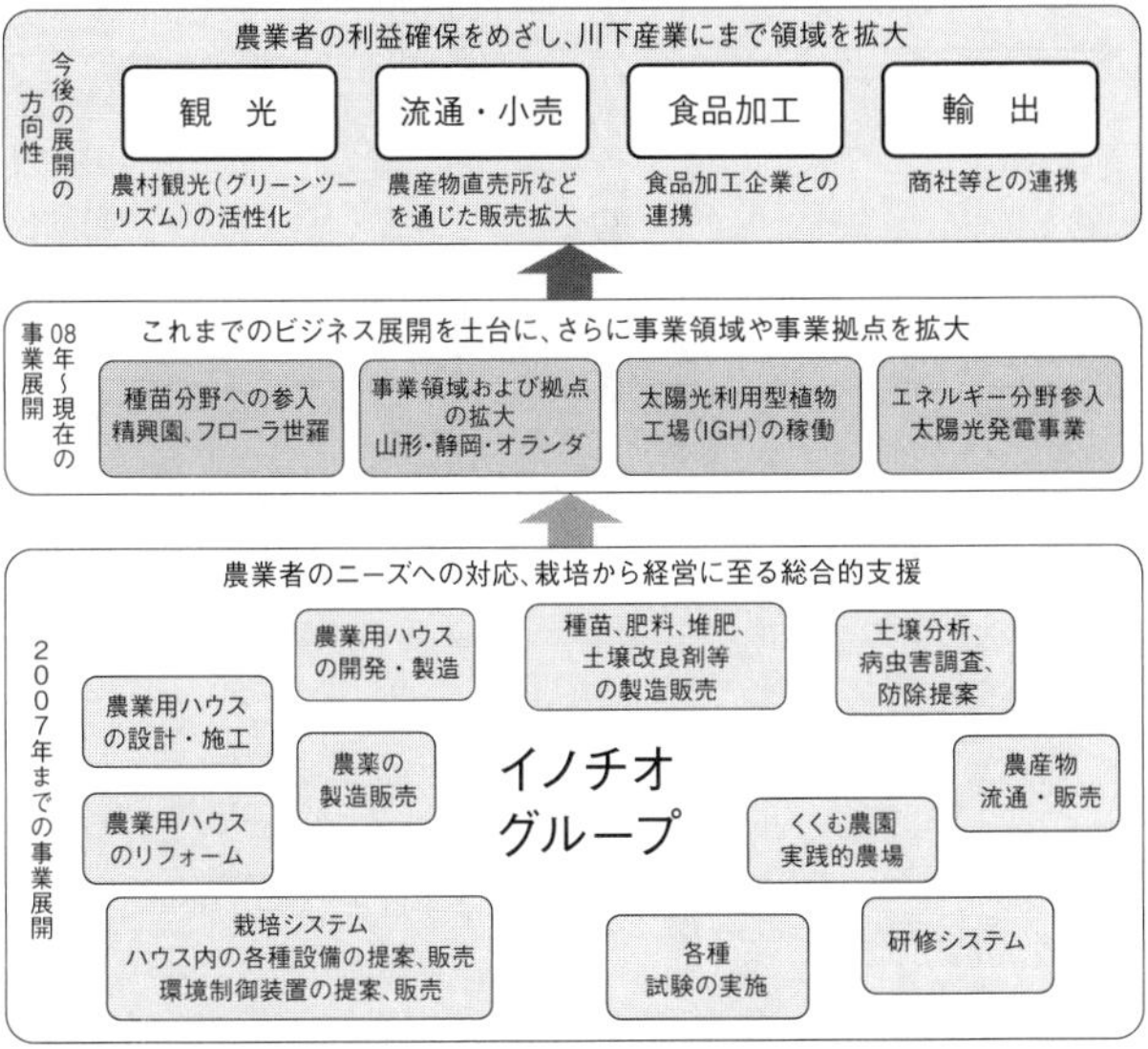

で、その他地域が4割。グループ会社を含めた従業員数は625人、グループ連結の売上高は約254億円（いずれも2015年度）である。

もともと農業資材の卸・小売を中心に展開してきた同社が農業総合支援事業に舵を切ったきっかけは、1989年に愛知県田原町（現在の田原市）にイシグロ農材（現イノチオアグリ）田原試験農場を開設したことだった。

「経営意識が高い農業者ほど、農業資材を選択する際の目が厳しい。当社が提供する各種資材が生産現場でどういった結果をあげているかを当社社員が理解していなければ説得力に欠ける。実証実験として自ら農場を開設した」とグループ代表の石黒功社長は語る。

その後、農業者から「高品質の、野菜や花の苗を提供してほしい」という要望が増えると、苗の生産販売を行うイシグロ農芸（現イノチオ農芸）を設立。さらに2005年から0・5〜1ヘクタールというプロの農業者の経営面積と同等の規模で、トマトの本格生産および販売を行うようになった。

自ら計画を立てて生産・販売に乗り出すことで経営として成り立つ農業のモデルを構築し、意欲的な農業者をバックアップしていくという同社の戦略によるものである。

国内初の高収量を達成

その同社の直近の成果が、オランダ式の環境制御システムを導入した太陽光利用型植物工場でのトマト栽培である。稼働して2年目の2013年には、10アール（1000㎡）あたり50トンという、これまでどこも成し遂げられなかった高収量を達成した。

日本における養液栽培では、技術力のある農業者でも10アールあたりの収穫量はせいぜい30〜40トン。単位面積あたりの収穫量が多い海外産の品種を使った栽培では50トンを達成する企業もあるが、高品質の国産品種で50トンという成績を上げたのは同社が初めてだ。

この事業は、「IGH（Innovative Green House）プロジェクト」と呼ばれる産官学共同プロジェクトとして行われており、経済産業省のイノベーション拠点立地支援事業を活用。さらに豊橋市からも助成を受け２０１２年7月より実証実験を開始した。

豊橋市にある実証ハウス（面積は10アール）は土を使わず、有機培地などを使用し、肥料を水に溶かした液（培養液）によって栽培する。十分な日照をとりいれるため４・５ｍの軒高ハウスになっている。こうしたオランダ型ハウスのトマト栽培はすでに国内で実施されているが、四季があり、同じ季節でも年によって変動が激しい日本では生育の状態や収穫量、品質を安定させることが容易ではなかった。

このため、同プロジェクトでは、①光合成に関係する環境要因を測定し、②トマトの生育状況と照らし合わせ、最適な管理基準、樹勢管理（着花数や葉数などの調整、管理）を策定。さらに、③その管理基準に従ってハウス内の環境を総合的にコントロールする、という方法で生産能力を可能なかぎり引き出すことにした。

トマトの正常な生育に不可欠な光合成が最大限に行われるよう、オランダのホーヘンドールン社の最新式環境制御装置を導入。光合成の条件となる温度、湿度、水、炭酸ガスをコンピュータによって常時バランスよく供給できるよう複合的な環境制御を実施した。

また日本では常識破りともいえる手法も導入している。その一つが軒高のハウスに入ってくる日照量を最大限活用できるようにトマトの茎を上部からつり下げる「ハイワイヤー栽培」である。日本の通常のハウスでは、トマトの茎を水平に這わせていくが、場所によって茎が日陰になり、光合成を遮っていた。しかし同プロジェクトでは茎を上からつり下げ、効率よく日照を吸収できるようにした。

担当者であるイシグロ農材（取材当時）の大門弘明開発課長（同上）は「空調管理に細心の注意を払った」という。ハウス上部と下部では温度差があり、同じ高さでも場所によって温度差がある。このバラツキが生育に影響を与え、病気の発生の原因となるため、大気の流れを水平方向と垂直方向に流す、３次元の空調管理を行った。

一方、天候の変化が激しい日本の事情を考慮し、コンピュータだけに頼らず大門氏を始めとするスタッフがハウス内をつぶさに観察し、毎週の生育調査結果をもとにきめ細かい管理を行ったことも功を奏したという。その結果、２０１３年以来、４年連続で10アールあたり50トンを超える収穫量を達成した。

今回の実績を土台に、同社は個々の農家への技術指導を広げていくつもりだ。大門課長によると「個々の農家にこうした高い投資はできないが、今回の実証実験で得られた知識やノウハウを低コストハウスでの栽培に応用できる」とのことだった。

同プロジェクトでの実績を耳にしたトマト産地から栽培指導の依頼が同社に寄せられ、すでに指導にも出向いている。

4

農政の誤りを正せば日本農業は必ず伸びる

山下一仁（キヤノングローバル戦略研究所研究主幹）

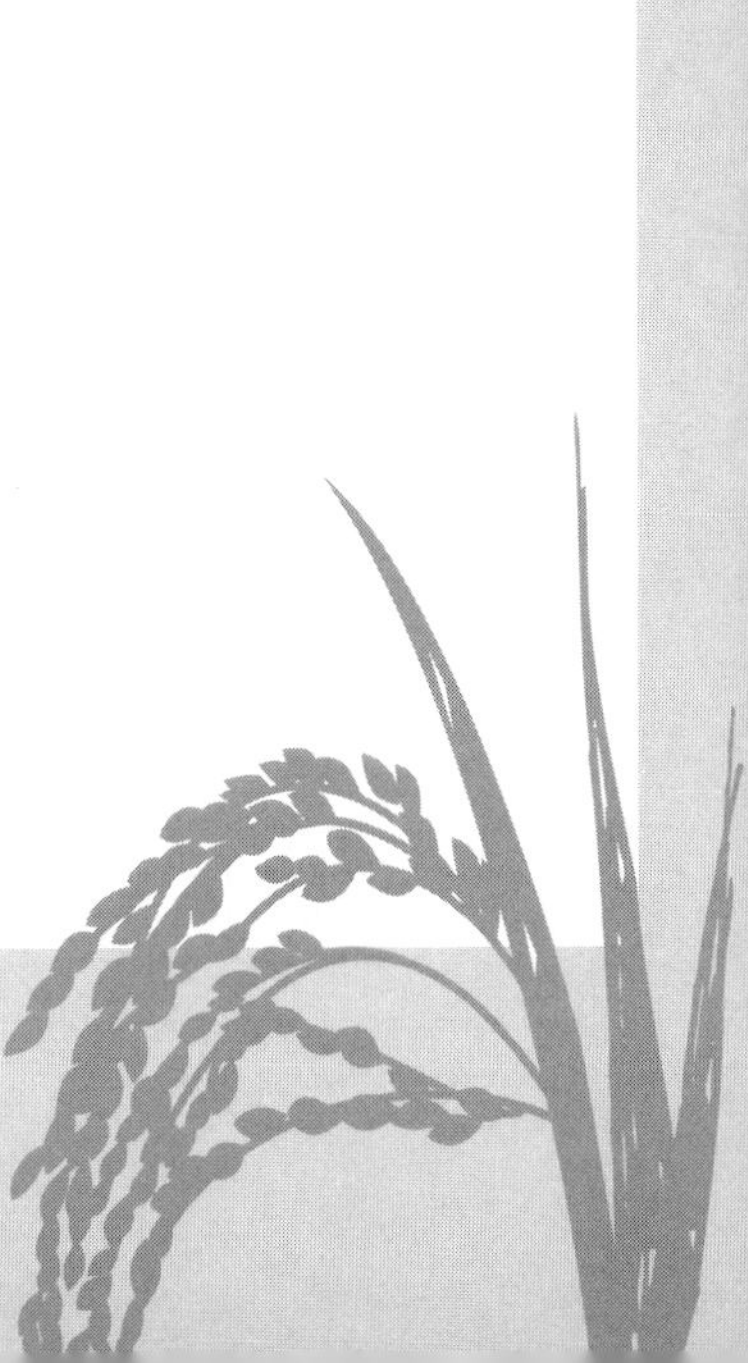

「日本の農産物は世界と戦えない」というウソ

日本農業には国際競争力がない——という定説がある。

農林水産省、農協、農林族議員、大学農学部といった農業界の関係者も、多くがそう思いこんでいる。「大規模で安いアメリカやオーストラリアの農業と競争したって敵わない」というのだ。

こうした農業界の人々は〝日本の農業は弱い〟という通念を積極的にアピールすることで、高い関税をはじめとする農業保護の維持を訴える。だが、この人口減少時代に国内市場に閉じこもるばかりでは、新しい農業の展望など開けるはずもない。彼らに10年後、20年後の日本農業のビジョンは語れないだろう。

安倍政権は２０１３年、現状５０００億円程度ある農林水産物や食品の輸出額を２０２０年までに１兆円に拡大するという目標を設定した。しかしこれは、第一次安倍内閣が２００７年に掲げた目標と同じであり、当時は２０１３年までに１兆円にすると言っていた。２０１０年には民主党も同じような目標を設定している。

農林水産省もこれまで目標設定にとどまらず、輸出拡大の名目で多くの予算や人員を投入したが、残念ながら２０１３年まで輸出は増えるどころか減少し続けた。理由は簡単だ。現行の日本の農産物には「価格競争力」がないのである。2014年に輸出が増加したのは円安になったからだが、16年に入り円高に転じ、再び価格競争力が失われた。

これまでの農政は、輸入農産物に対して高い関税を課すことで国内市場を守ってきた。しかしその国内市場は高齢化と人口減少で今後縮小していく。このままでは日本農業は自然死を待つしかない。それがイヤなら、輸出によって海外市場を開拓せざるを得ない。

日本農業が生き残れるかどうかは、輸出できるような農業、国際競争力のある産業になれるかどうかにかかっている。それはすなわち、鎖国型の産業から開放型の産業への脱皮である。

勝負は「規模」だけでは決まらない

そもそも、「日本農業はアメリカやオーストラリアに比べて規模が小さく、コストが高くなるので世界と競争できない（だから高い関税で保護する必要がある）」という主張は妥当なのだろうか。

農家1戸あたりの農地面積は、日本を1とするとEU6、アメリカ75、オーストラリア1309と、日本の農地は確かに小さい。また、規模が大きければ大きいほどコストが下がるというのも事実だ。

ただし、競争力を決める要素は「規模」だけではない。もし規模ですべてが決まってしまうなら、アメリカだってオーストラリアの18分の1しかないのだから勝負にならないはずである。しかし現実には、アメリカはオーストラリアをしのぐ世界最大の農産物輸出国である。

実はこうした主張は、土地の肥沃度や、各国が作っている作物の違いを無視している。オーストラリアの農地面積は4億ヘクタールで、わが国の90倍もの広さがある。しかし、そのうち穀物や野菜などの作物を生産できるのは5000万ヘクタール未満に過ぎない。それ以外は草しか生えない肥沃度の低い痩せた土地であり、これがオーストラリアの農地の9割を占めているのだ。ここでは牛が放牧され、脂肪分の少ない「グラス・フェッド（草を食べた）」と呼ばれる低級牛肉がアメリカに輸出され、ファストフードのハンバーガーになっている。

これに対しアメリカでは、アイオワ州やイリノイ州など最も肥沃なコーン・ベルトと呼ばれる中西部の農地で、トウモロコシや大豆が作られている。トウモロコシや大豆は家畜の飼料として与えられ、これで育てられた脂肪分の多い「グレイン・フェッド（穀物を食べた）」と呼ばれる牛肉が日本などに輸出される。アメリカの牛肉生産量は約1200万トンでオーストラリアの実に5倍だ。

コーン・ベルトの次に肥沃度の高いグレートプレーンズ、プレーリーと言われるアメリカ中央部の農地では、小麦が作られている。オーストラリアでは草地だけでなく、農地も肥沃度が低く痩せている。小麦作でも、オーストラリアの単位面積あたりの生産量（単収）は、イギリスやフランスの4分の1、EU平均の3分の1（日本の2分の1）に過ぎない。

肥沃で質の高い日本の農地

一方でEUの規模はアメリカの12分の1、オーストラリアの218分の1と両国とは比べものにならないが、単収の高さと「政府からの直接支払い」（後述）によって、国際市場へ穀物を輸出している。

たとえばアメリカでは農家1戸あたりの平均農地面積が170ヘクタールであるのに対して、EUでは加盟国有数の農業国家であるフランスですら平均53ヘクタールに過ぎない。パリ盆地の大規模農家でも100ヘクタール程度である。しかし、フランスでは小麦の単収向上に努めることで、かつての6〜7倍の単収を得ることに成功しており、現在ではアメリカの2・3倍にもなっている。面積は小さくても単収の高さによって、フランス農業はアメリカと対抗できる国際競争力を獲得したのだ〔**図表4－1**〕。

図表4-1　世界の小麦単収の比較

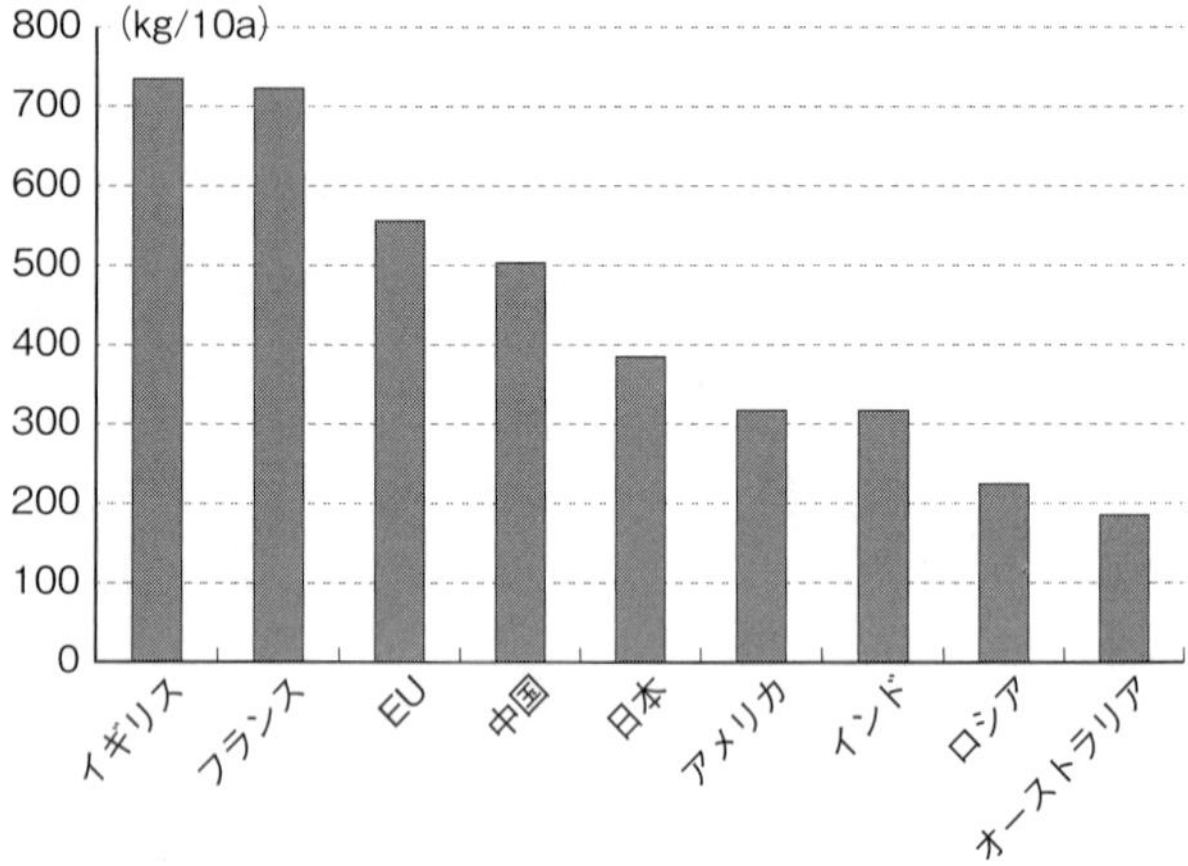

出典：FAOSTAT

EUでは、コメの輸出も行っている（EUのコメの関税率は「1トンあたり175ユーロ」であり、これは日本の「1kgあたり341円」と比べると十数分の1の水準である）が、そのEUでコメ生産の大半を占めるイタリアとスペインの農場の平均経営規模はそれぞれ8ヘクタールと24ヘクタール（ともに2010年の統計）だ。これは北海道と同じ程度の大きさであり、日本の政府が全国目標（20〜30ヘクタール）として掲げているレベルよりも小さい。

一方で日本の農地は、牧草地の割合が13%と、他の国に比べて極端に低いことが特徴である。他国の場合、牧草地の割合がオーストラリア88%、中国75%、比較的肥沃度の高いアメリカでも65%を占めているが、日本では生産力の高い水田が農地の半分以上を占める。
つまり日本の農地は面積こそ狭いものの、その半面で肥沃度が高い質の高い農地が多いのである。

日本の農業保護政策の大きな誤り

「アメリカやオーストラリアと競争できない」という冒頭の議論には、「関税が撤廃されれば」、かつ「政府が何も対策を講じなければ」という前提がある。だがその競争相手であるアメリカやEUが、実は「政府からの補助」という鎧を身につけて世界と競争していることはあまり知られていない。

OECD（経済協力開発機構）が開発した、PSE（Producer Support Estimate：生産者支持推定量）という、国家による自国農業保護の度合いを表す指標がある。

この指標は、政府の財政負担によって農家の所得を維持する「納税者負担」の部分と、内外価格差（国内価格と国際価格との差）に生産量をかけた「消費者負担」の部分——消費者が安い国際価格ではなく、高い国内価格を農家に払うことで農家に所得移転している額——とで構成される。農家への補助金が高いほど、あるいは国内価格と国際価格の差が大きいほどPSEの値は高くなる。

このPSEの各国の内訳をみると、ウルグアイ・ラウンド交渉で基準年とされた86〜88年では、消費者負担の部分の割合がアメリカ37％、EU86％、日本90％であるのに対し、2013年にはアメリカ6％、EU15％、日本78％（約3・6兆円）となっている。

つまりアメリカやEUが過去二十数年のあいだに、農業保護政策を「価格支持」（消費者負担への依存。関税を課すことで高い国内価格を維持すること）から、財政による「直接支払い」（納税者負担への依存。農家に対して補助金を払うことで農家の所得を維持すること）に移行させたにもかかわらず、日本の農業保護は依然として価格支持中心なのである。国内価格が国際価格を大きく上回っているために、そのぶん高い関税が必要となっているわけだ。

日本農業界の関係者は「TPP（環太平洋戦略的経済連携協定）に参加すると、安い海外の農産物が大量に入ってきて日本農業は壊滅する」と主張してきた。だが、ここで敢えて根本から考えてみたい。

そもそも関税（外国から輸入する物品に対して国が課す税）によって何を守ろうとしているのかといえば、国内の高い農産物価格（＝食料品価格）だ。つまり、国内の価格を国際価格よりも高いままにしておくために関税が必要になっているということだ。

たとえば、国産小麦の国内消費量は現状でわずか14％しかないが、政府はこの国産小麦に関して価格を高いまま維持するために、消費量では86％と圧倒的な外国産小麦に関税

図表4-2　小麦の国内価格と輸入価格

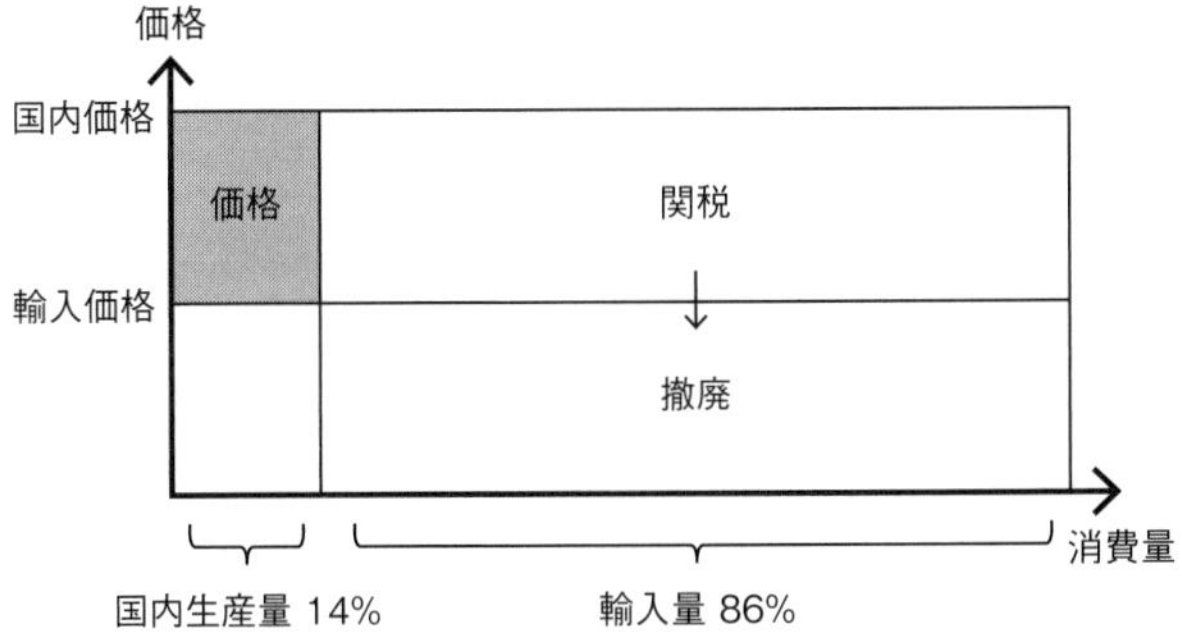

（正確には農林水産省が徴収する「マークアップ」と呼ばれる課徴金）を課している。その結果、私たち日本の消費者は、わざわざ高いパンやパスタを買わされているわけである〔図表4－2〕。

この発想、逆転させてみることはできないだろうか。

関税によって国内の農産物価格を高いまま維持する（国産品を守る）よりも、国内農産物価格と国際価格との差額を、財政から生産者に「直接支払い」という形で補填しても農業はそのまま保護できる。消費者にとっては安い価格の品物を購入できる（外国農産物の消費者負担がなくなる）という大きなメリットが生じることになる。

アメリカやＥＵでは、農家に対して「政府からの補助」を行うことで、国内の消費者に安い価格で農産物を供給し、同時に農業も保護している。

ＥＵでも先程述べたとおり、農家の規模はアメリカの12分の1、オーストラリアの21８分の１と両国とは比較にならないほど小さいが、それにもかかわらずＥＵはオーストラリアの３倍という生産性（単収）の高さを誇り、小麦を輸出するまでになっている。これには政府からの直接支払いが大いに影響している。

ここで話を日本に戻すと、わが国のコメ保護政策は、小麦のそれ以上に支離滅裂である。

通常、政府が国民の税金を財源に特定の農業を保護するなら、そのぶん国民には、安い値段で財・サービスを購入できるようにするのが筋だろう。

ところが日本政府は、納税者負担でコメ農家に４０００億円もの減反補助金を出してコメの供給を制限した上、米価を吊り上げることでさらに６０００億円もの消費者負担を強いてきたのである。

日本のコメ産業の市場規模は２兆円である。この産業のために、合計１兆円もの国民負担を強いるだけでなく、結果として食料安全保障も脅かしている。こうした政策の根拠はどこにあるのだろうか。

日本では消費税増税の議論で、多くの政治家が「貧しい人々が高い食料品を買うことになる逆進性が問題だ」という理由で反対してきた。消費税率８％から10％に引き上げる際、食料品の税率を据え置く軽減税率の適用が決まったのも、こうした声があまりに大きかったからだ。

それをやりながら一方では関税で国内の食料品価格を吊り上げているのである。「逆進性」の塊のような農政の維持は、なぜか政治家にとって国益に合致するらしい。軽減税率導入によって徴税コストの増大を招くくらいなら、まずは関税を撤廃し、国内の食料品価格を引き下げるべきではないのか。

補塡政策の歴史

この「財政による補塡政策」は、日本農業の未来の姿を占う上できわめて重要なポイントであるため、もう少し詳しく述べておきたい。

一口に「補塡政策」といってもいろいろあるが、もっとも強力なのは、「食糧管理制度（食管制度）」のように政府が農産物を直接買い入れて消費者に販売するというやり方である。これは〝直接統制〟と言われ、日本でも1995年に廃止するまで、コメや麦については食管制度が採られていた。

まさに統制経済そのものであり、市場に介入するというよりは、市場を認めない。要は市場の否定にほかならない。農家→農協→都道府県連合会→全農という政府が定めたルート以外で流通するコメは「ヤミ米」と呼ばれ、処罰された。市場の否定あるいは消滅なので、当然ながら市場の歪みは最大となる。

これより緩やかな方法としては、市場の存在は認め、価格は基本的には市場に任せた上で介入する方法がある。農家に、ある一定の価格（ここでは「保証価格」と呼ぶ）を保証し、市場価格がその価格よりも低下した場合に、政府が市場から農産物を買い入れる。市場の供給量を少なくすることで、市場価格を保証価格に戻そうとするものである。食管制度以前のコメ政策は、このような市場介入を行った。これは〝間接統制〟と言われた。今でも、牛肉や乳製品のような畜産物などには、このような政策が法律上規定されている。

世界的にもっとも有名かつ典型的な市場介入制度は、直接支払いを本格的に導入する以前のＥＵの共通農業政策である（今でも制度的には市場介入制度は残っている）。

直接統制ほどではないにしても、市場に介入するのだから歪みは生じる。農家に市場とは関係なく一定の価格を保証するため、市場だけで決定される生産量よりも生産は拡大し他方で消費は減少する。生産が増えて消費が減るのだから、過剰の発生という歪みは避けられない。

日本の食管制度の場合、生産者米価を上げても消費者米価を低くすれば、生産も増えるが消費も増えるので、過剰は生じないはずだった。しかし、高い生産者から買い入れて安く消費者に売れれば、政府の財政負担が増えてしまう。日本政府はこれを避けるために、生産者米価と連動して消費者米価も上げた。結局、ＥＵの共通農業政策と同様、過剰が発生した。

だが、日本とＥＵでは、過剰に対する対応の仕方がまったく異なった。日本は減反政策を行い、供給量を少なくすることで政府の買い入れ数量を抑制したのに対し、ＥＵは保証価格によって農家にはそのまま生産させ、そして余った農産物は輸出補助金を使って、国際市場にダンピング輸出したのである。

この政策は国際価格を低迷させたため、アメリカやオーストラリアをはじめとする輸出国から大きな批判を受け、ガット・ウルグアイ・ラウンド交渉が始まる大きな原因を作ることになった。しかし、ＥＵ農業の拡大・振興という意味では、成功を収めたとも言えるし、〝フランス農業の栄光の30年〟を支えもした。日本が減反政策により、国内農業を縮小・弱体化させてしまったのとは対照的である。

直接統制、間接統制を問わず、これらの価格政策の問題は、政府介入により市場の価格を高く設定するので、消費を減少させてしまうという点にある。日本でコメの消費量が減少したのは国の米価政策の影響も大きい。

アメリカ・EUが減反を止めた理由

さらに市場への介入度合いが少ないのは、価格は市場に任せ、農家に対する保証価格と市場価格との差を、政府が財政資金を使って農家に交付するやり方である。これを「直接支払い」あるいは「不足払い」と言う。

アメリカの農業保護政策は、1960年代に直接支払いに移行した。農家所得を維持しながら、市場価格を低く設定することによって、国内消費者への安価な農産物供給と、農業の国際競争力の確保を一挙に実現しようとしたのである。

農産物輸出国として躍進著しいブラジルも、かつてのEU型の政策から直接支払い型に転換している。他国への輸出価格は安いほど有利だが、その一方で国内の農産物価格を高く維持するというのは政策的に妥当とは言えないからだ。

直接支払いにも課題がないわけではない。市場だけに任せた場合に形成される価格よりも高い価格を農家に保証するのだから、当然生産は拡大する。市場への供給が増えるため、価格は市場だけに任せた場合よりも低下する。その結果、財政負担が大きくなるという構造的な問題がある。

アメリカではこれを避けるために、1990年から生産調整（減反）参加農家だけが直接支払いを受けられるという仕組みにいったん変更されたのだが、この減反と直接支払い制度のリンクは1996年に廃止された。EUも1993年に財政からの直接支払いを導入する際、支払いの受給要件とした減反を2008年に廃止している。

財政負担の抑制という観点からは、減反による生産抑制は望ましい。日本が1970年に減反に踏み切ったのも財政負担抑制のためだった。だが、国際市場の開拓という観点から考えれば、減反による生産抑制は好ましくない。アメリカやEUが減反を廃止した背景には、国際市場への農産物輸出の拡大という意図があった。いまだに減反政策を継続しているのは、国内市場のことしか考えていない日本の農政だけである。

日本の減反面積は現在までに全水田面積の4割にも拡大した。EUが1992年から20年近く行った減反でさえ目標10％前後なのに、である。これほどの減反を行っている国は、世界でも日本以外にはないのではないか。

余談だが、1993年のウルグアイ・ラウンド交渉で合意された、コメの関税化の特例措置を適用する際の要件は、「効果的な生産制限措置を採っていること」だった。当時、農林水産省で交渉の事務を担当していた私が、EUの担当者に「日本の減反面積は水田面積の3割（当時）だ」と話したら、彼が大変驚いていたことを思い出す。

減反を廃止して農産物の量を増やし、価格を下げれば、コストの高い兼業農家は撤退する。主業農家に限って直接支払いをすれば、その地代負担能力が高まり、兼業農家から主業農家のもとに農地が集まり、規模が拡大してコストが下がる。収益が上がるので、兼業農家に払う地代も上昇する。現在、都府県の平均的なコメ農家の純収益は、ゼロかマイナスである。農業は収益の高い主業農家（20ヘクタールなら1400万円の純収益）に任せ、その収益を零細な農家に地代として分配したほうが地域全体の利益となる。

ここであらためて強調しておこう。いくら高い関税で守ったところで、日本の国内市場はいずれ人口減少によって縮小する。国内市場だけでは農業は自然死するしかない。だが、品質の高い日本の農産物の価格が下がり、世界で価格競争力を持つようになれば、わが国の農業は世界の市場を開拓できる。国内農地はフルに活用され、農地減少に歯止めがかかり、食料安全保障も確保される。これこそ国益ではないだろうか。

それでは、日本の農政当局は、なぜコメについてアメリカやEUのように直接支払い制度を採用しなかったのだろうか？　実はその点に大きなポイントが隠されている。

日本にもあった「直接支払い」制度

この問題を考えるために、わが国の酪農について考えてみたい。

日本の酪農、つまり乳製品の加工では1965年から直接支払い制度が行われている。正確には酪農の直接支払い制度の対象となるのは、バターや脱脂粉乳向けの「加工原料乳」であり、主として北海道で生産される生乳がこれに該当する。北海道産の生乳＝加工原料乳、都府県産の生乳＝飲用牛乳（市乳）という棲み分けが行われていたと考えるとわかりやすい。これは都府県の酪農業者を北海道産の安い生乳から保護する目的があった。

乳業メーカーの立場からすればバターや脱脂粉乳向けの加工原料乳にはコストをかけるわけにはいかず、高い代金は払えないが、北海道の生産者からすれば、その価格では規模の大きい酪農家でもやっていくのは難しい。そこで政府が生乳代に不足分を直接加算することで農家に一定の価格を保証し、北海道の酪農を持続可能にしたのである。

加工原料乳生産者への直接支払い制度は、同時に都府県の飲用牛乳生産者の保護策でもあった。もしもこの制度がなければ、安いコストの北海道の生乳が大量に都府県へ流れ、飲用向け乳価が低落し、都府県の生産者がバタバタと倒れてしまう事態に陥りかねなかったからだ。

この制度が１９６５年に導入された際は、飲用向け乳価を間接的に保証しつつ、都府県の酪農を安定的に縮小することが目的とされ、実は導入後5〜10年をめどに廃止が予定されていた。それが半世紀経った今でも続いているわけだが、制度発足当初は、対象数量が少なかったこともあって大蔵省（現財務省）の抵抗は少なかったのである。

「高米価政策」で得をしたのは誰か

これに対し、北海道にかぎらず全国津々浦々で生産され、生産額も突出して多かったコメに直接支払い制度を導入すれば、どれだけ財政負担がかかるのかという心配が行政側にあった。酪農の場合は一部（北海道の加工原料乳）を保護すればそれだけで全体を保護することができたが、コメの場合はそのような存在がなかったからだ。

ただここで、主業農家と兼業農家で分ける、という考え方もあった。不足分の直接支払いを主業農家にだけ交付すれば、財政負担を軽減できるだけではなく、農業の構造改革にも資することになる。食管制度の政府買い入れ制度のもとで、当時の大蔵省も「米価を主業農家には高く、兼業農家には低くすべきだ」という、似たような主張を行っていた。

しかし、このような政策は、農協から〝選別政策〟であると常に反対されてきたし、農民の票をアテにする与党政治家にも、とうてい受け入れられるものではなかった。

農協にとって何より受け入れがたかったのは、直接支払いでは農家の所得は確保されるが、価格は低いままなので、農協の販売手数料収入も低いままになってしまうという点だ。

さらに言えば、政府が農協を通じて農家からコメを買い入れていた食管制度の時代、

図表4-3　主要国の農政比較

項目＼国	日本	アメリカ	EU
生産と関連しない直接支払い	×	△	○
環境直接支払い	△ （限定した農地）	○	○
条件不利地域直接支払い	○	×	○
減反による価格維持＋直接支払い（戸別所得補償政策）	●	×	×
1000%以上の関税	コンニャクイモ	なし	なし
500～1000%未満の関税	コメ、落花生、でんぷん	なし	なし
200～500%未満の関税	小麦、大麦、バター、脱脂粉乳、豚肉、砂糖、雑豆、生糸	なし	バター、砂糖（改革により100%以下に引き下げ可能）

（注）○は採用、△は部分的に採用、×は不採用、●は日本のみ採用

「農家が負担する生産費はすべて補償する」という考え方から、肥料や農薬、農業機械といった生産資材価格は、政府が買い入れる際の価格、生産者米価に満額盛り込まれた。農協が農家に生産資材を高く売りつけるという、組合員である農家との利益相反となるような行為を働いても農家に批判されない仕組みが、生産者米価の算定方式によって制度化されていたと言える。

この仕組みでは、農協が肥料などの農業資材を農家に高く販売すれば当然米価も上がる。農協は生産資材価格と米価によって販売手数料を二度稼ぐことができた。おまけに、食管制度のもとで米価を高くすると、農家にとってヤミ市場に流す旨《うま》みが薄れるため、農協を通じて政府に売り渡す量

が増える。つまり、農協のコメ販売手数料収入は価格と量の両方で増加する。農協は、農家への資材の販売、農家の生産物の販売という両面で手数料収入を稼いだ。直接支払いでは、このような旨みは消えてしまうのである。

先に述べた生乳をはじめ、砂糖や小麦などについても一部は財政からの補塡があるものの、日本の直接支払い制度はきわめて不徹底な制度だ。市場価格を国際価格まで下げてしまえば、膨大な財政負担が生じる可能性が心配されたからである。だから、輸入農産物も含め、国内の農産物価格は国際市場よりも高く設定されている。そして、この高い価格を維持するためには、高い関税が必要となるし、国内の消費者の負担も大きくなる。

このような悪循環が、現在も続いているのだ。

日本人の食生活の変化

ここでいったん、視点をガラリと変えてみよう。

昨今の日本人の食生活の特徴——それは、食の外部化（レストラン・外食、惣菜産業・中食の伸長）が進展していることだ。この主要な要因の一つとしては、若年層、高齢者層の双方で単身世帯が増加している点が挙げられる。

農林水産省「平成25年度食料・農業・農村白書」によると、単身世帯の比率は１９８０

年の19・8％が2010年には32・4％に増加しており、2030年にはさらに36・5％にまで増加すると言われている。世帯区分でその次に伸びているのは「夫婦のみの世帯」だが、これも1980年の12・5％から2010年には19・8％に増加しており、2030年には21・0％に増加すると見込まれている。

単身者がスーパーで食材を買って自炊しようとしても、使いきれずに廃棄する部分が多くなる。すでに調理されたものを買うか、外食したほうが無駄は少なく、場合によっては経済的にも安上がりでさえある。

加えて周知のとおり、わが国では高齢化も進み2020年には高齢者人口は3割、50年には4割になると予測されている。前述「食料・農業・農村白書」によれば、単身世帯のうち65歳以上の高齢者の比率は、2010年の29・9％から2020年には36・6％、そして2030年には39・0％へと増加する見込みである。

旺盛な食欲を満たすことを最優先する若者と違って、高齢者の場合は健康志向が高く、多品種の食品を少量ずつ食べようとする傾向が強い。高齢単身世帯が増えれば、少量ずつパックされた惣菜が売れ筋となっていくだろう。

加工・業務用をおろそかにしていた国内の生産者

食料費支出のうち、どれだけを外食、中食(惣菜など)に支出したかを、〝食の外部化率〟という。次の〔図表4－4〕は、外部化率が国民の食料費支出全体の半分近くまで達していること、さらに外部化のなかでも外食率は横ばいなのに対し、中食率は着実に伸びていることを示している。最新2012年のデータでは外食産業の規模は23兆円に対し、中食産業の規模は6・5兆円である。

2011年の総務省家計調査は、家計の年間支出額のうちコメへの支出額(2万7428円)がパンへの支出額(2万8318円)を、調査史上初めて下回ったことを明らかにした。麺類の支出も1万8234円なので、コメへの支出は、パンや麺などの小麦製品を大きく下回ったことになる。

他方で弁当の支出額が2万8785円というデータは、コメの消費が内食から、中食や外食に移行している実態をうかがわせる。中食・外食産業には低価格米への需要が高い。ある大手卸は収量の多い〝みつひかり〟を生産者との契約栽培で3000トンほど確保し、牛丼チェーンに販売している。内食での需要が減少した結果、高価格の〝新潟産コシヒカリ〟が売れ残るという事態も生じている。

図表4-4　食の外部化率の推移

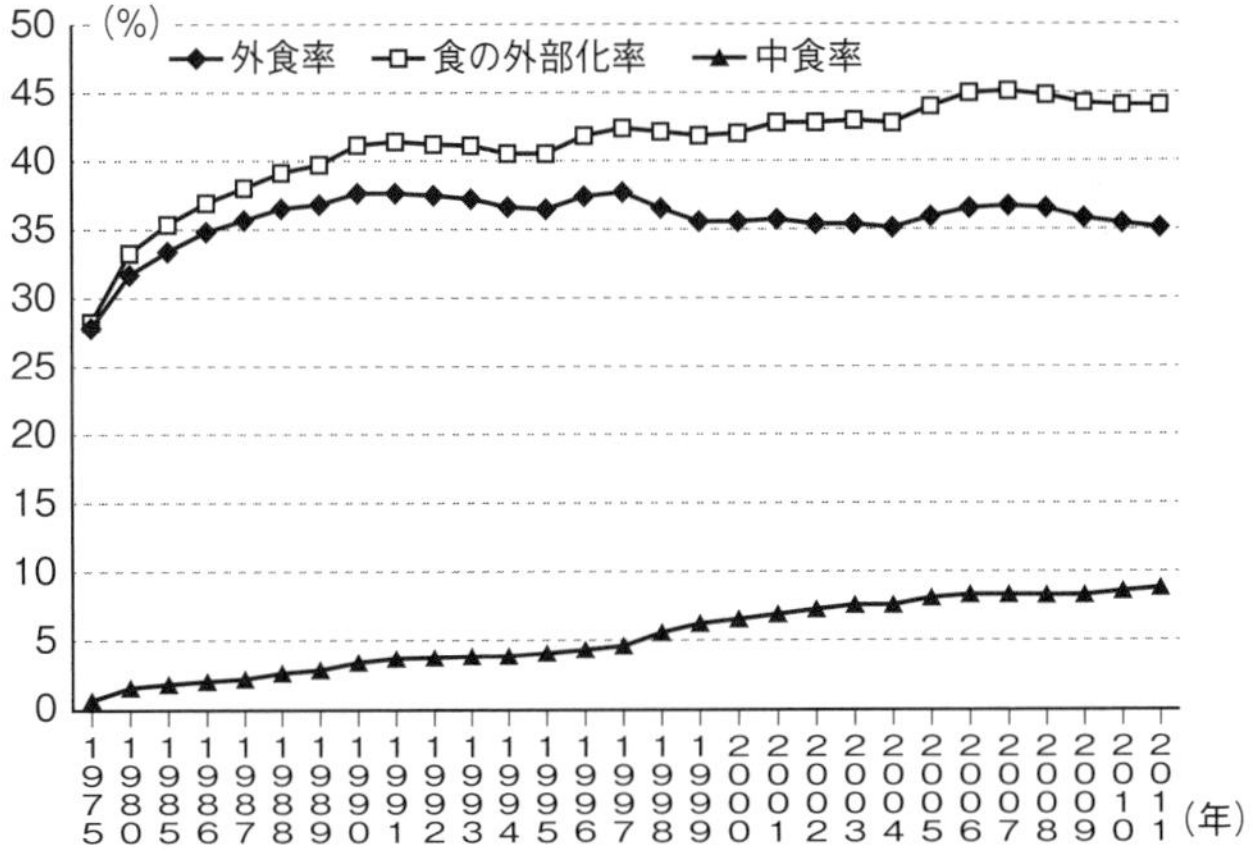

（注）外食率＝外食産業市場規模/（家計の食料・飲料支出＋外食産業市場規模）
中食率＝料理品小売/（家計の食料・飲料支出＋外食産業市場規模）
（出所）外食産業総合調査研究センター「外食産業統計資料集」、食の安全・安心財団「外食産業資料集」

日本の野菜生産者の大半は、あいかわらず農協を通じて卸売市場への出荷を行っている。念頭にあるのは、卸売市場からスーパーなどの小売店を通じた、家庭用の消費である。

だが今や、野菜の需要先の55％は加工・業務用であり、家庭用は45％に過ぎない。野菜生産者が加工・業務用需要をおろそかにしていたため、シェアの3割は輸入野菜に取られてしまっているのである。加工・業務用需要が「スソモノ」（粗悪品や下等品を指す取引用語）だという認識は、すぐにも改めたほうがよい。

外食・惣菜産業を主たるターゲットにするという農業経営のやり方もある。スーパーでは売れない曲がったキュウリも、切ってしまえば普通のキュウリと同じだ。しかも、まっすぐなキュウリを作るよりもコストは安い。売値は安くても、コストも低ければ収益はスーパーに売るのと変わらない。

手間暇をあまりかけない生産を行い、まっすぐなキュウリはスーパーに、曲がったキュウリは外食・惣菜産業に、それぞれ販売すれば、より高い収益が得られる。

どのような農産物を生産しても、通常の流通に合わない規格外品が生じる。これをただ廃棄するのではなく、生産者グループ（協同組合など）が加工施設を整備したり、または加工企業と連携するなどして、規格外農産物を加工処理すれば、トータルの売り上げを増やすことができる。「自然循環型農業」の提唱者として知られる農事組合法人・和郷園の木内博一氏は、スーパーのレジ袋からゴボウが飛び出るため、ゴボウがなかなか消費者に好まれないことに気付き、ゴボウを半分に切ってスーパーへの売り上げを大きく伸ばした。今ではほとんどのゴボウが半分または3分の1に切られて、スーパーに並んでいる。

業態が変われば、求められる形も変わる

食の外部化を前提にすると、農業生産の現場でも品種の選定、種付けの時期、肥料のや

り方に特別の配慮が必要となる。同じ「消費者」とはいえ、内食と外食ではまったく異なるものを要求してくるのである。

一例を挙げれば、加工用・外食用には家庭の生食用の野菜に比べて「歩留まり」が大きい野菜が要求される。レタスなどにしても、スーパーで売られているものより大きいサイズのものが好まれるのだ。家庭用では「冷蔵庫に入る大きさ」という配慮が必要だが、業務用ではそのような配慮は不要で、むしろできるだけ大きく、捨てるところのない無駄のない野菜が良いのである。

要求される特徴は相手先の業態によっても変わってくる。カレー専門店は粘り気の少ないコメを求めるし、牛丼チェーン店はタレをかけてもベタベタしないコメを求める。某ハンバーガー店は、使用するトマトに糖度が高く、酸味があり、ゼリー状部分の部屋数が多く輪切りに適した大玉を要求している。居酒屋ならば、客は酒を飲んだり話をしたりと時間をかけて食べるので、長い時間煮ても崩れないような野菜が要求される。

コンビニのおでんは、通常のおでんと異なり、冬場ではなく夏場に最初の消費のピークがやってくるので、人気のおでんダネである大根は夏でも収穫できることが望ましい。ローソンに大根を提供している鳥取県の某企業が、大山《だいせん》のふもとの標高の高い、清涼な農地で生産しているのはそれゆえである。

全く逆の視点で、増加する単身者世帯のニーズに合う生食用野菜をつくるというのも有効だろう。単身者世帯の増加はすなわち1戸あたりの世帯員数の減少でもある。今後家庭用として購入される野菜は、キュウリやトマトなどなら袋売りよりはバラ売りが好まれるだろうし、キャベツや大根ならば、2分の1カットから8分の1カットまでの小口化が進むだろう。単身者でも余らせずに使い切れる、小玉の野菜を生産して成功している農家もすでに現れている。

プロダクトアウトからマーケットインに

女性の社会進出が進むと、食には、ますます利便性が要求されるようになる。また夫婦共稼ぎ世帯は所得も高い上に生活が不規則になりがちなことから、健康にも留意する。

この点に着目して、近年市場を急拡大しているのがコメの宅配ビジネスだ。消費者はインターネットで好みに合わせた精米（白米から玄米まで。その中間も9分搗《づ》きから1分搗きまで選択できる）を選び、注文すると自宅まで配達される。もちろんスーパーで買うコメよりも値段は高くなるが、その部分がこの業者の付加価値である。

いま農業界では「これからはプロダクトアウトではなく、マーケットインだ」という言葉が盛んに叫ばれている。「生産者が作りたいもの」ではなく、「市場が評価するもの」を作るべきだという意味だ。しかしこれは他業種ならば至極当然のことであり、このような言葉がいまさら目新しげに唱えられている点こそ、農業界の後進性を示している。

これまで、農家にとっての経営環境とは政府や農協が決めてくれるものであり、農家自身が主体的に働きかけるものではなかった。農家は単なる〝業主〟であり、「生産」はしても「経営」はしてこなかったのである。

だが、トヨタがクルマを「作る」だけで「販売」を考えないというのはありえない。むしろいかに市場のニーズをとらえ、何が売れるか考えることに力を注いでいる。いかなる産業だろうと、市場の流れを無視しては生き残れないのだ。

市場のニーズを摑んだ者が成功する。この鉄則は、農業においても変わらない。

日本農業の大問題——食品産業との疎遠な関係

ここからは日本農業の抱える問題の中でもとりわけ深刻である、農業と食品産業との関係について述べたい。ここで言う「食品産業」とは、食品加工業、流通業、外食・惣菜産業のことを指している。

この中でも食品加工業は、農業との関連は（本来なら）特に密接である。「食品加工業」と聞くと、すぐに連想されるのは味の素や森永製菓、キッコーマンなどの大企業かもしれない。だが味噌や醤油、日本酒、焼酎、漬物、さらに煎餅やあられなどの米菓は、もともと地域の農産物を原料とすることで発展してきた。

そのため、食品加工業には、伝統的に原料調達から製造までを同一地域で行ってきた地場産業が多く、また中小企業が多いという特徴がある。

2013年の経済産業省「工業統計調査」によれば、鹿児島、北海道、沖縄では、全製造業の出荷額のうち食品加工業者の占める割合がそれぞれ56％、34％、35％ときわめて高い。さらに同じ資料で食品加工業全体の内訳を見ると、中小企業が99％を占めている（筆者注＝以上は「工業統計」における「食料品製造業」と「飲料・たばこ・飼料製造業」を「食品加工業」として産出した）。

これは何も日本に限った話ではない。輸出農業大国であるオランダには世界的な食品加工企業もあるが、一方で食品企業の9割以上は中小企業なのである。

ところが日本では、海外の安価な輸入品によって、国内農業・地域農業と食品加工業との関係が年々厳しいものになってしまっているのが現状だ。

これを日本を代表する食品企業の一社であるカゴメと、農産物トマトの関係から見てみよう。トマトにはそのままで食べる生食用と、ケチャップなどの加工用というまったく異なる2つの品種がある。加工用トマトは、もともと生食用とは別の品種として開発されたもので、カゴメでは農家と契約し、この加工用トマトを農家に一定の農地で作ってもらい引き取ることで製品化してきた。この契約栽培という手法が定着したことで、農家にとっては安定した収入が得られるようになり、特に長野県において、加工用トマトの生産は盛んに行われてきた。

ところが1972年、トマトを濃縮したトマトピューレ、トマトペーストの輸入自由化が始まると、国産加工用トマトは価格競争力のある輸入品に押され、生産が大幅に減少してしまう。

自由化直前の最盛期には、カゴメ1社で国産トマトを約23万トン仕入れていた。しかし2010年にカゴメが仕入れた生トマト35万トン分の内訳を見ると、国産はジュース用に仕入れた2万トン弱に過ぎず、残りの33万トンは海外で第一次加工をして輸入しているのである。

食品メーカーが、原料農産物を海外に依存する度合いが高まっている。このことに、日本農業のきわめて大きな問題がある。

現在、消費者が購入する食品の内訳は、外食3割、加工食品5割なのに対して生鮮品は2割に過ぎない。つまり、国民は農産物を直接消費するわけではなく、食品加工業や外食産業が加工、処理したものを消費するようになっているのである。

コメも同様である。家庭で食べる量と外食や惣菜で食べる量が拮抗するようになっているのだ。

農業の側から見ると、2005年は国産農林水産物の32%が最終消費（生鮮品）、62%が食品加工業、7%が外食産業へとそれぞれ仕向けられている。食品加工業や外食産業は、その国の農産物の重要なお得意様のはずなのに、そちらへ仕向けられた率が低すぎるのだ。

食品産業が海外に逃げてゆく

農業界は依然として生鮮食品重視の販売を行っており、食品加工業や外食産業が求める価格、品質の農産物を供給できずにいる。農林水産省にしても、生鮮食品としての農産物の関税は高く維持する一方で菓子など加工食品の関税は真っ先に引き下げてきた。つまり日本においてはコメ、小麦、砂糖、でんぷん、乳製品などはすべて高い関税で保護されている一方で、それらを原料に作られる加工食品には低い関税しかかかっていないのである。

これを日本の菓子メーカーなどから見れば、原料とする輸入農産物には高い関税が課されるのでどうしても原料高になってしまう一方で、海外から安い関税で入ってくる製品とも競争しなければいけない、ということである。これでは競争条件が著しく不利であるとして、経済界では「食品産業の原料問題」として長く問題視されてきた。

国内農業の規模が拡大せず、農産物の生産コストが下がらないせいで、原料を調達しようにも国内では量も揃わないし、品質も一定しない。その上、海外企業と不利な条件で競争しなければいけない——となれば、加工企業にしてみれば必然的に海外に進出する道を選ばざるを得ない。なにしろ海外なら一定規模の農地面積を確保できるし、労働コストも低い上に制約も少ないのだから。

このような事情も加わり、2013年の食品産業の国内生産額は、その15年前、1998年との比較で約2割も減少している。日本農業は、本来なら自分たちの生産物を大量に買ってくれるはずのお得意様をみすみす逃してしまっているのだ。

国内農業が逃してしまっているのは加工企業だけでなく、外食産業も同様だ。

2009年の農林水産省の調査によれば、外食産業の食材費のうち、穀類は10%、野菜は9%に過ぎない。では何が最も多い品目かといえば、「加工食品など（半加工品、製品）」となっており、その内訳は国産52%、輸入48%と、輸入が半分近くを占めているのだ。国産の「加工食品など」にしても、その原料には海外産の農産物を使用している可能性は高い。そう考えると、国内農業は外食産業向けの市場の相当割合を、すでに外国農業に奪われてしまっている、とも言えるのである。

　こうした食品産業の原料問題が起こるのも、国産農産物の高い価格を維持するのと引き換えに国際価格競争力を失わせてきた農政に責任がある。しかしこの国際競争力の問題は、欧米のように価格や関税ではなく、財政からの直接支払いで保護するという方法に切り替えれば解決する。価格が下がれば、国内の需要だって増大する。

　自動車業界は、かつて鉄鋼業界と協働することで低燃費のクルマを作り上げた。高品質の鉄という素材なくして、日本車は現在あるようなブランドにはなれなかった。

　ところが食品の場合は、農業と食品産業の間に農政が割り込んでしまったがために両者の協働関係が構築できなかった。オランダやデンマークにおいて、産官学が三者連携して川上から川下までの技術革新に努め、アグリビジネスの国際的な競争力を向上させるため不断の努力を傾注している姿とはあまりに対照的である。

　日本は、農業を守ることにこだわりすぎて結果的に農業を衰退させてしまった。20年前までは食品関連産業のＧＤＰに占める農・漁業のウェイトは22％だったというのに、２０１３年には12％にまで低下している。

「輸出」と「日本の食品加工業」――。日本の農業生産者が開拓すべきフロンティアはこの２つである。減反や高い関税、時代遅れの流通システムなど、日本の農政当局や農協が誤った制度を改め、日本の農家が2つのフロンティアを目指すようになれば、わが国の農業は必ず良い方向に変わっていくだろう。

ニュージーランドとの協力で中国へ生乳輸出を

最後に、日本の農業にとってはきわめて期待が持てるであろう輸出モデルを一例示すことで本章を終えたい。それは生乳と乳製品を、中国をはじめとする近隣諸国に輸出する案だ。

世界最大の人口を抱える中国では、近年の中間層の台頭により牛乳の消費量も輸入量も増加している。その中国では日本の牛乳・乳製品に対して非常に高い評価を寄せており、日本を訪れる中国人旅行者が、育児用の粉ミルクをこぞって買って帰るほどだ。このチャンスを逃さない手はない。

ただし、酪農は大変な仕事である。乳牛は、乳が出ているのに搾らなければ乳房炎という病気にかかってしまうので、酪農家は一年を通じて休めることがほとんどない。かといって常に乳を出させていると牛は衰弱してしまうので、乳を搾らず、出させない「乾乳期」という期間を設けることも必要だ。妊娠・分娩の時期は牛ごとに違い、乾乳期もバラバラなので、酪農家は1頭ごとに世話の仕方を変えなければいけないという苦労もある。

この苦労は、新技術をうまく利用することで解消できるかもしれない。

牛には、発情期を迎えると歩数が多くなるという特性がある。この特性に着目し、歩数計で割り出した歩数データから個体ごとの発情期を特定し、高い受胎率での繁殖を可能とするシステムは、富士通などによってすでに実用化されている。この技術を発展・利用し、あらかじめ牛ごとの発情期を把握した上で、複数の酪農家間で乳牛を交換してみてはどうか。

こうすることで、個々の農家が飼っている牛群の受胎・分娩時期は統一できるようになり、乾乳期も合わせることができる。実際に世界最大の乳製品輸出国であるニュージーランドでは、乾乳期を合わせることを〝季節分娩〟と呼び実践している。日本の酪農関係者にとっては、学んでおいて絶対に損はない技術だ。

ニュージーランドの側でも、日本の酪農には高い関心をもっているだろう。ニュージーランドが特に優れているのはバターや脱脂粉乳などの基礎的な乳製品の生産だが、日本の乳製品企業は、育児用の粉ミルクなど高いレベルの食品加工技術を有しており、それぞれの得意分野に若干の違いがあるのだ。実際、ニュージーランドが誇る世界最大級の乳製品企業フォンテラが、近年北海道の酪農にアプローチしているとの話も伝わってきている。

ニュージーランドの酪農には特徴がある。牧草地をいくつかの区画に分け、1つの区画に乳牛を放し、その区画の牧草を牛がほぼ食べ終えたら次の区画に移動させるという放牧方法が広く採用されているのだ。

乳牛の糞尿が牧草の堆肥になり、いくつかの区画を回って最初の区画に戻る頃には牧草が生長しているので、そこで放牧の第2ラウンドを開始するというわけだが、この低コストの酪農技術を、フォンテラは草地資源の豊富な北海道でも適用したいと考えているはずだ。

日本の酪農家が乾乳期の統一（季節分娩）に加えてこの放牧技術も応用できれば、サラリーマンも羨むような長期のバカンスを取ることが可能となる。所得の高い酪農家が長期休暇も取れるようになれば、後継者が育たないわけがない。

もっともニュージーランド側から見た日本の最大の魅力は、やはり中国との距離的な近さだろう。

前述のとおり、乳製品の輸出量では世界一のニュージーランドだが、増大する中国の乳製品需要をかの国単体で満たすことは不可能だし、生乳の輸出は距離的な問題から難しい。隣国のオーストラリアは生乳を中国に空輸し、現地価格の4〜5倍の値段で販売しているが、これだとさすがに高すぎ、富裕層以外はなかなか買ってくれない問題がある。その代わりにニュージーランドでは、乳牛を直接中国に輸出し、中国国内で牛乳を搾らせる、という方法も行っている。だが、日本から輸出できるようになれば、こうした苦労は無用になる。

２０００年に３６０万トンだった生産量が13年に３８０万トンに拡大した北海道の生乳は、20年以上前から他の都府県向けに船で輸送されており、今では北海道釧路港と茨城県日立港を20時間で結ぶ高速大型船によって関東・中京圏に毎日供給されている。

北海道から関東に生乳を輸送できるのであれば、日本から海路で中国はじめ韓国・台湾など近隣諸国に牛乳を輸出するのは、オーストラリアよりずっと安くできるはずだ。

北海道でニュージーランドの酪農技術に基づく低コストの生乳生産を行い、生乳は中国に輸出する。日本の乳製品企業は、ニュージーランドから輸入したバターや脱脂粉乳などを使い、高次の乳製品・食品を製造した上で中国に輸出する。こうすることで、ニュージーランドとウィン・ウィンの関係を構築できる。

中国などへの牛乳の輸出が拡大すれば、日本ではコメと同様に長年行われている、生乳の生産制限を解除することも可能になるはずである。

山下一仁（やました・かずひと）１９５５年生まれ。キヤノングローバル戦略研究所研究主幹。農政アナリスト。
著書に『日本の農業を破壊したのは誰か』ほか。

コラム 4

伊賀の里モクモク手づくりファーム
——農業テーマパークの雄

新しい農業ビジネスモデルのパイオニアたち

青山浩子（農業ジャーナリスト）

６次産業化の先駆者として知られている三重県伊賀市のモクモク手づくりファーム（松尾尚之社長）は、組合員の生産した豚肉をハム・ソーセージに製造加工する事業からスタートし、加工販売、サービス、宿泊、飲食、食育、貸し農園と事業を広げてきた。事業の拠点は市内にある農業テーマパーク。14ヘクタールの敷地にハム・ソーセージの加工施設、ウィンナーやパンの手作り体験教室、ファーマーズマーケット、レストラン、地ビール工房、宿泊施設、温泉など各施設があり、年間約50万人が来場する。

約54億円（２０１３年）の売り上げの内訳は、ファーム内での売り上げが約16億円、通信販売部門が17億円、ファーム以外のレストラン部門（愛知、三重、大阪など7店舗）が20億円、その他部門で1億円である。従業員は正社員（１５０人）、パート（２００人）、アルバイト（６５０人）を合計して約１０００人。平均年齢は35歳となっている。

伊賀の里モクモク手づくりファームの事業概要図

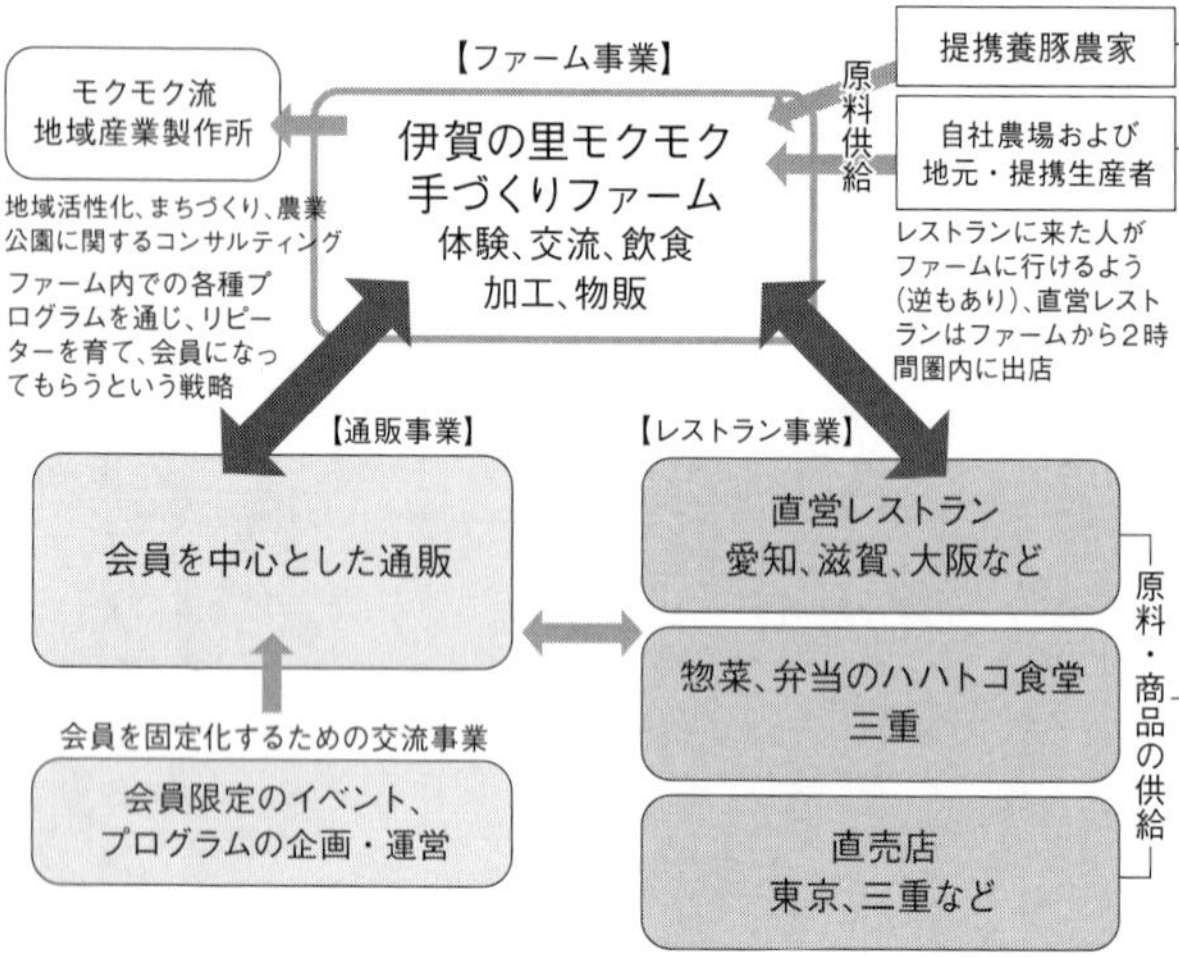

「ハムづくり教室」から人気に火がつく

創業者の木村修・元社長は、三重県経済農業協同組合連合会（経済連）に勤務していた時代に地元産豚肉の販売を担当していたが、その時に輸入豚肉との競合や国産肉の産地間競争の激しさを実感。差別化を図るために飼育方法やエサ、安全性を前面に出した、ブランド豚「伊賀豚」を1983年に開発した。

これを大手量販店や生協に販売しているうちに、やがて精肉よりも付加価値の高い加工品（ハム・ソーセージ）の製造を思いついた。だが「(加工を)やる」と名乗りを上げる農家が周囲にいなかったため、同僚の吉田修・元専務とともに経済連を退職。1

987年に、有志を募って加工施設「ハム工房モクモク」を設立したのだった。

ログハウスの小さな工房が数年後に農業テーマパークとして生まれ変わっていったビジネス展開のすべては、消費者の声に耳を傾けたところから始まった。

「伊賀豚」ブランドを立ち上げた当時の養豚は、農家・農協とも生産者目線に偏り、とにかく早く太る高カロリーのエサを与え、病気になれば薬を与えればよい――という考え方だった。

しかし、木村氏と吉田氏は当時から消費者が安全性や鮮度、地域ブランドを重視していることを見抜き、おいしさを重視した飼育方法を採用。投薬にも一定のルールを決めるなど、生活者、食べる側の価値をひたすら追求した。

1987年に創業した「ハム工房モクモク」は不便な場所に立地しており、最初は売れずに苦労したが、近所の幼稚園のPTAから「ハムづくりを教えてほしい」と要請され、手作り教室を開催したところ、人気に火がついた。

その様子から、「消費者は与えられたものを食べるのではなく、自らものづくりをしたがっている」ととらえ、体験教室をメニュー化し、集客を増やしていった。体験教室の参加者から「ウィンナーだけじゃなく、豚肉も食べたい」と言われるとバーベキューのサービスも始めた。不便な場所に多くの人が訪れるさまを目の当たりにし、「都市に遊びに行く時代ではなく、都会から田舎に来る時代」と読み、農業公園構想へとつなげていくのである。

いまでこそ消費者起点の発想は農業ビジネスでも当たり前といわれているが、これを30年前に見抜き、実際のビジネスに展開させていった二人の創業者の感性こそがモクモクの原動力だった。

数少ない農業公園の成功例

同社が製造販売している商品は、ナショナルブランドの類似商品に比べて10〜30％高い。立ち上げ当初は大手量販店や生協に卸していたが、現在はテーマパーク内での販売、また通信販売などダイレクトマーケティングに絞っている。

それでも順調に売り上げを伸ばしてきた要因は、会員制を敷いていることにある。会員は関西、東海地方を中心に約４万５０００世帯。通信販売の売り上げの９割は会員による購入で、贈答用よりも自宅用の注文が多くを占めるなど、常に会員の厚い支持がある。

不特定多数の消費者を相手にするのではなく、モクモクの理念や考え方、商品に愛着を持つ会員にターゲットを絞り、定期的な会報の送付を始め、商品やサービスに対する意見や感想を吸い上げて、改善につなげていくシステムを構築している。また会員を対象としたイベントも数多く開催し、消費者の囲い込みに成功した。

モクモクファームが開設された頃、全国でも農業をテーマにした公園がオープンしたが、ほとんどが赤字でいまでは多くが閉鎖された。木村、吉田両氏もオープン前から多くの農業公園を見て回り、建物に多額投資をしているわりに、リピーターが少ないことが苦戦の理由だと見抜いた。そこで建物への投資を抑え、お客さんに施設を回遊してもらいながら客単価を上げる戦略を組み立てた。

体験教室に参加し、ウィンナーができあがるまでの時間に食事をしてもらったり、買い物をしてもらうなどするうちに3時間が過ぎ、一人あたり4000円近くのお金を使う。一般的な農業公園の客単価が1000円前後というデータと比べ、きわめて高い客単価だ。

ファームは無料と有料（会員は無料）とにエリアが分かれているが、有料エリアも500円と低めに設定している。

「消費者は一定の許容範囲内を超えた収益を事業者があげようとしていると感じた瞬間、金儲けととらえ、急に気持ちが冷める。一度冷めた気持ちは再び戻らない」（吉田元専務）などマーケティングのコツを押さえた仕組みの構築が客単価の高さやリピート率の高さにつながっている。

早くから6次産業化を経営に取り入れてきたモクモク手づくりファームを参考にしたいと考える農業経営者や自治体は多く、同社をモデルにしながら6次産業化に取り組んだり、農業をテーマにした施設を運営したりしているところは少なくない。

だが、その多くが建物などハードを参考するにとどまっており、消費者の心理を読み解いてマーケティングにつなげる戦略や、会員制度にして消費者を囲い込みながら満足度をあげていくといったソフトの戦略までを学べているとは言い難いのが実情だ。

そこで同社は、モクモク流地域産業製作所を設立し、同社役員や専門家が地域活性化や農業公園の再生のためのコンサルティング事業も行っている。

これまでには、京都市で焼肉店を運営している「きたやま南山」に、消費者との関係強化のためのコンサルティングを行ったり、14年にオープンした新潟市の食育関連施設「いくとぴあ食花」へのアドバイスをしたりした。

また韓国や中国からも農業公園建設に関するコンサルティングを依頼され、公園のコンセプトから施設配置、事業実施にいたる総合支援を行っている。これまで関わった案件はおよそ20件程度である。

（データはいずれも2013年当時）

5

農業の岩盤規制に風穴をあける

構造改革のカギは「国家戦略特区」にあり

八田達夫（アジア成長研究所所長）

構造改革こそ成長戦略の基本

安倍政権が、持続的な経済成長を実現するために打ち出した経済政策「3本の矢」のうち、1本目の矢は、流通する通貨量を増やしデフレからの脱却をめざす「金融緩和」。2本目の矢は、10兆円規模の経済対策予算によって政府自ら需要を創出しようという「財政拡張」。そして3本目の矢が、「構造改革」による成長戦略だ。

構造改革とは、規制緩和を軸にして民間企業や個人が実力を発揮できる社会を作ろうとするものである。農業は、この構造改革を行うべき分野のひとつとして位置づけられており、JA全中（全国農業協同組合中央会）の組織改編をはじめとする様々な改革が進められている。

ところで、構造改革が成長戦略に位置づけられたのはなぜだろうか。

そもそも経済成長には、2つの源泉がある。第一はイノベーションだ。通常イノベーションというと工業技術の革新などがイメージされやすいが、経営技術上の革新もイノベーションである。そして第二は、生産性の低いところから高いところへの資源移動である。異なるセクター間で生産性がまるっきり違うときに、生産性の低いところから高いところへ資源を移すことで、全体の生産性を上げることができる。構造改革は、この資源の移動をスムーズにするための改革である。

本来ならば、資源は放っておいても生産性の低いところから生産性の高いところに移動する。にもかかわらず現実の社会で資源が移動しないケースが頻繁に起きるのは、人工的な規制が敷かれるからである。

経済成長は衰退地域や衰退産業を必然的に生み出すが、そのような衰退セクターは、昔は栄えていたがために強い政治力を持っている。こうした既得権を持った集団が自分たちを守るための法規制をつくり、新規参入を制限してしまうのだ。

株式会社が農地を持てないままにしておく、というのもそのひとつだ。これは、衰退セクターの内側からの視点では良いことであるが、その反面、国全体の成長が阻害されてしまう。このような人工的に仕組まれた、資源の流れを妨げる障害を取り除くこと——それが構造改革なのである。

日本の構造改革の歴史

日本は過去にも幾多の輝かしい構造改革をやり遂げた経験を持っている。なかでも最大のものは、幕末の開国の時に行われた改革だろう。日本では開国するまで綿花を完全に自給自足していたが、開国後のわずか10年間で、日本で消費される綿花はすべて輸入に切り替わった。綿花を育てていた農家は失職し、ほかの品目に転換するか、都市に出ていくしかなかった。それでも改革を断行したことで、明治以降の際立った成長が実現した。紡績業者たちが安い輸入綿糸を使って、これまでに培った技術を生かして優れた織物を作り、市場を拡大することができたからだ。綿織物業をはじめとする軽工業は、明治の産業発展を支える原動力になった。

当時、明治政府に対しては自国の綿花産業を保護してほしいという要望が寄せられていたし、政府にも綿花農家を守るため輸入綿花に関税をかける選択肢はあった。だが当時は諸外国との間に不平等条約があり、5%以上の関税を課すことは不可能だった。思い切って輸入に道を開いたことが、結局は日本全体の成長に幸いしたと言える。

1960年代の石油の輸入自由化も歴史に残る構造改革であった。第二次世界大戦後、日本はすべてが破壊されつくした状況から再出発したが、いくつかの産業は国が手厚く保護をして復興させた。そのひとつが石炭産業だ。1950年代末には、コークス（石炭を蒸し焼きして炭素部分だけを残した燃料）を除き、石炭は100%自給自足できるまでに復活していた。常磐や三池、夕張は大勢の炭鉱労働者を抱えた一大産業地域だった。

ところが1960年前後から中東から石油が輸入されるようになり、巨大なタンカーを建造すれば、価格の安い石油が続々と入ってこられるようになった。

当初は政府も石炭保護策を採っていた。街中の銭湯では安い石油ではなく、石炭の使用が義務付けられていたほどだった。しかし結局、通商産業省（現経済産業省）は、膨大な炭鉱労働者が職を失うのもやむなしとして石油輸入の自由化に踏み切り、石炭から石油へとエネルギーの転換をはかった。これにより三井三池炭鉱では歴史的な大規模ストライキが起きたが、この痛みを伴う石油の輸入自由化がなければ、日本はいつまでも石炭依存の体制から脱却できず、高度経済成長も実現しなかっただろう。

経済が成長していく過程で、新たに誕生し、成長していく産業（あるいは地域）があれば、その陰で衰退していく産業（あるいは地域）がある。衰退していく産業に同情し、保護しようとすると経済全体の成長が止まってしまう。長い目でみて国全体が豊かになろうとすれば、一時的に誰かが犠牲を払わなければならない。それは、綿花や石油の事例からも明らかだ。

ところが、近年の日本のように安泰な時代が長く続くと、過去に成功した産業や企業は強力な既得権集団となってしまう。農産物の輸入自由化を進めようとすると「食料安全保障が維持できなくなる」などというもっともらしい理由をつけて輸入を抑制するような規制を作り上げる。そのため、経済の新陳代謝が起こらず、成長が止まってしまう。残念ながらこれが日本の現状だ。

岩盤規制はなぜなくならない？

「岩盤規制」という言葉がある。岩盤とは地表の下にあって、きわめて硬く、崩しにくい岩石でできている地盤のことだ。政府は経済発展を阻害する様々な規制を撤廃する改革を長年にわたって行ってきたが、医療、農業、教育などの分野では、未だに改革できずにいる規制がある。「岩盤」という表現は、簡単には崩せないという意味で使われる。

日本の規制改革のスタートは、高度経済成長期にさかのぼる。発展著しい民間企業に比べ非効率な行政をスリム化し、国民の税の負担を軽減すべきという政府の考えのもと、1961年に「臨時行政調査会（臨調）」が設置された。

やがて規制改革をめぐる議論は内需拡大と経済活性化に主眼が置かれるようになり、94年に規制改革推進のための第三者機関が設置され、95年には日本で初となる規制緩和のための実践計画「規制緩和推進計画」が閣議決定された。以降、会議の名称はたびたび変わっているが、規制改革にむけた取り組みは現在まで続いている（以下では、これらの会議を総称して「規制改革会議」と呼ぶ）。

こうした取り組みにもかかわらず、岩盤規制がなぜ崩れないのかというと、既得権を持つ企業や産業は政治力を持っているからだ。将来の天下り先がほしいエリート官僚も、どうしても一定の業界に同情的になり、岩盤規制を温存してきた。
農業分野での岩盤規制で代表的なものは、大別して次の5つが挙げられる。

①農業関連施設の農地利用

農地法では、農地を生産基盤として維持していくと定めているため、転用して住宅や工場などの建物を建てることを厳しく制限している。野菜工場、植物工場、レストランなど農業関連用地として利用する際も、転用が制限されている。

②農業委員会の体制

農業委員会とは、法律によって設置された行政委員会で、農地の転用や売買を許可する権限を持つ。遊休農地の調査・指導などの業務を行う組織で、市町村に設置されている。農業委員会を構成する農業委員の多くは地元の農業者であるため、中立的・客観的な判断がしにくく、地元以外の企業が農業に参入しにくい原因となっている。

③株式会社の農地所有禁止

農地法は、２００９年に改正されるまで、第１条に「農地はその耕作者みずからが所有することを最も適当であると認め（る）」と書かれていたことからもわかるように、「耕作者主義」に立脚している。第二次大戦前まで、日本は地主制（地主が小作人と呼ばれる農家に土地を貸して耕作をさせ、収穫したコメや麦などの一部を地代として徴収する制度）だった。それが戦後、連合国軍総司令部（ＧＨＱ）により、広大な農地を所有していた地主の農地は、一部を除いて国によって買い上げられ、小作人に安く売り渡された。地主制度を温存しておくと資本家が復活し、軍国主義体制が再燃するのをＧＨＱが恐れたからだ。地主制度に不満を持つ小作人が組織を作って、社会主義運動をおこす懸念もあった。つまり農地法は、地主でなく耕作している人が所有すべきだという、小作人保護の観点から作られたという経緯がある。

ところがいまは、農地を所有していても農業を営まずに荒らしている人がいる一方で、逆に所有していなくても借りた農地で意欲的な経営を行っている企業・非農家出身者が珍しくない。農地法ができた時代とは社会状況が大きく変わったのに、法律も規制も終戦直後のまま残ってしまっている。法律にもとづいた体制が崩せず、抵抗勢力になっている典型例である。

④農地所有適格法人（旧農業生産法人）に求められる厳しい要件

農地所有適格法人とは、農地を取得して農業経営を行うことができる法人のことをいい、株式会社（ただし非公開株式会社に限る）、有限会社（制度が廃止された２００６年以前に設立されたもの）、農事組合法人、合名・合資会社、合同会社の5形態がある。だが、③の「耕作者主義」にもとづいているため、実際に農業に従事する構成員が半分を超えていなければならないなど、構成員や役員の要件などに制限がある。

⑤農協に与えられた各種優遇策

農業協同組合（農協）は民間組織だが、相互扶助を目的に作られた協同組合という特殊性ゆえに、一般企業に比べ法人税が安い。民間金融機関は金融以外の事業展開が禁止されているが、農協は金融機関でありながら共済（保険）、販売事業などを兼ねており、独占禁止法の適用も除外されている。信用と共済事業の兼営は、生協など他の協同組合には認められておらず、農協だけに認められた特権である。

こうした岩盤規制に風穴をあけようとしても、全国規模で実施しようとすると抵抗勢力が根強く、政治的にも難しい。むしろ、地域限定で改革を進めたほうが早い。安倍政権が国家戦略特区制度を立ちあげた理由がここにある。

「国主導」が国家戦略特区の強み

特区制度とは、過去に整備され現在の実情に合わなくなった国の規制を、特定の地域に限定して緩和することで構造改革を行う制度である。経済活動への効果を確認し、やがて全国展開につなげていくための実証実験の場でもある。

日本には、これまでにも様々なタイプの特区がつくられてきた。民主党政権時代につくられた「総合特区」はその一例で、地域ごとの課題を解決する現地密着型の規制改革だった。

たとえばある地域が、畑の間に大きめの用水路が何本も流れていて、傾斜もあるので、水力発電に非常に適していることがわかった。だが、発電機を川沿いに何個も設置しようとすると、そのひとつひとつに関して膨大な資料を添えて、経済産業省や環境省、農水省などの許可を得る必要がある。そこで、50個の発電機の設置をまとめて1つの許可で済むようにしよう——こういった規制改革が総合特区時代に行われた。

これに対し、国家戦略特区は、地域ごとの個別の課題ではなく、国全体の農業の成長産業化につながるような課題——農業委員会や農地法の改革など〝大玉〟の岩盤規制にメスを入れようとしている点が特徴だ。

特区の選び方も異なる。総合特区は実施したいという地域にまず手を挙げてもらい、その中から選んだ。これに対して国家戦略特区の場合、具体的にどんな規制を緩和するのかという細目に至るまで国家主導で決めた上で、「ここなら実施に適している」という地域を選ぶ。項目の選定の際には、有識者や事業者、自治体の意見も聞くが、あくまでもアイデアを募集するという位置づけで、必ずしも意見を出した地域で実行されるとは限らない。岩盤規制を崩すためには、国の改革戦略の観点から最適地を選ぶ必要があるという政府の判断なのだろう。

また総合特区は、地域が選ばれてから法改正を各省庁と折衝することになっていたが、実際には、各省庁は折衝になかなか乗ってこなかった。この反省に立って国家戦略特区では、地域が確定する前に、特区諮問会議とその下にあるワーキンググループが各省庁と交渉をして、法改正を行う。したがって、特区に選ばれた地域は、遅々として進まない省庁同士の折衝にしびれをきらすことなく、安心して事業展開ができるという違いがある。

規制改革会議時代より迅速に

国家戦略特区において司令塔の役目を果たすのは、意思決定機関である特区諮問会議と、特区ごとに設置される区域会議である。

特区諮問会議は首相が議長を務め、官房長官・財務大臣・経済財政担当大臣・規制改革担当大臣・特区担当大臣の5名（一大臣がこのうち複数の担当を兼務しない限り）に加え、有識者議員5名の合計11名で構成される。規制緩和が求められる側の厚生労働大臣や農林水産大臣などは、メンバーに含まれていない。

区域会議は特区担当大臣、地方公共団体の長（基本的には知事）、民間事業者の代表で構成されるが、メンバーは首相が選ぶ。特区諮問会議で決めた規制緩和項目をもとに、区域会議では実際に実施する事業計画を作り、諮問会議の審議を経て、首相の認定を得る。該当する特区で法律改正が必要であれば諮問会議に上げ、承認されれば改正法案を提出するという流れだ。

これまで規制撤廃の司令塔の役割を果たしてきた組織といえば、代々の規制改革会議だ。この会議は農業分野でも最近の農協改革のような大きな実績がある。しかし一般的には特区諮問会議と比べると、法律改正までに時間がかかることが多い。というのも規制改革会議では制度上、さまざまな団体・個人・外国の大使館などから規制改革に関する要望を集め、やるべき項目を選んで各省庁と折衝する、という手順を踏む。次の段階では、最初は各規制省庁の課長、続いて局長、それでもまとまらない時は規制省庁の大臣と規制改革担当の内閣府大臣とが折衝する。そこでも物別れになると、官房長官が裁定するという仕組みになっている。ただ現実には、内閣府の大臣が頑張ることを嫌がり、官房長官の裁定までいかないことも多い。

たとえば、現行の農地法では禁じられている、株式会社（株式公開している企業）でも農地を所有できるようにする規制緩和について折衝しようとしても、現状では多くの農家が株式会社の農地所有について否定的な意見を持ち、農協も反対している。そうしたなかで、仮に規制改革会議が「企業の農地所有を認めさせる」という結論を出しても、政治家である関係大臣たちが次の選挙で農家票を集めにくいと判断すれば、「検討する」とお茶を濁して終わってしまうのである（このような仕組みにもかかわらず、農協改革ができたのは特定の議員の卓越した技量によるところが大きかったと言われている）。

実際、規制改革会議では、「閣議決定をした」とか「△年までに検討する」ということが決まる案件が多かった。こうなってしまう理由のひとつは、規制改革会議が法律に定められた会議ではないからだ。

一方特区諮問会議は、国家戦略特別区域法（特区法）という根拠法にもとづいて設置されている。省庁があまりにも腰が引けているようならば、諮問会議側は「首相まで案件を持っていきますよ」と言える。このおかげで特区では、法律の改正を含め、大きな改革が迅速に行われてきた。

ただし、法律改正の手続きをスピードアップするため、農地法を改正したり、労働契約法を改正したりといったように法律自体に手をつけることはしない。その代わりとして、特区法に「農地法や労働契約法の何条何項は、特区では適用除外とする」と定めることによって、法律改正をすることができる。

特区で実施された最初の規制緩和

２０１３年に成立した特区法では、国家戦略特区に選ばれると、農業分野では以下の４種類の規制緩和メニューを活用することができると定められた。

①農地等効率的利用促進事業（農業委員会の機能合理化）

農地の権利移転を行う（農地等を売買することにより、農地所有の権利を移転させる）場合、当事者である農家自らが農業委員会の許可を受ける必要があることが、農地法で定められている。農業委員会は各市町村に設置され、その事務局は各自治体にある農政課、農業振興課などの農業関係の部署内に設置されているが、農地の権利移転などの業務は農業委員会が独立して行っているため、自治体はタッチできなかった。

だが特区では、農業委員会の許可権限を、各地方自治体に移管することができるようになった。事実、特区に選ばれた自治体では、透明性がある形で権利移転を許可でき、後述のように兵庫県養父《やぶ》市では、外部からの農業参入が促進された。

②農業への信用保証制度の適用

中小企業事業者が民間金融機関からの借り入れを行う際には、信用保証協会が保証を行う（万一倒産などで債務の返済ができなくなった場合に融資金の返済を肩代わりする）ことにより、中小企業の信用力を補完している。しかし、この保証制度がカバーする事業に、農業・林業・漁業は対象となっていなかった。そのため、農業に新たに参入する中小企業が資金を必要としても、金融機関から調達できなかった。

国家戦略特区では、商工業者が農業を営む場合に円滑に資金調達できるようにするため、都道府県が応分の負担をすることを前提に、信用保証協会が保証を与えるようになった。

③地域農畜産物利用促進事業（農家レストランの農用地区域設置の容認）

各市町村は、「農地等として利用すべき」と判断した土地の区域を「農用地区域」として設定している。この農用地区域内では、耕作または養畜に必要な畜舎、温室、農機具格納庫などの農業と関連が深い「農業用施設」を建てる場合に限り、農地の転用が許可されてきた。一方、たとえばサービス業にあたるレストランを作る場合、転用は許可されなかった。

これを特区内においては、地域で生産される農畜産物を主たる材料として調理したものを提供する農家レストランは、農用地区域であっても設置できるようになった。

④農業法人経営多角化等促進事業（旧農業生産法人の要件緩和）

農業生産法人は、従来、役員の過半数が農業（農作業、加工、販売を含む）に常時従事し、さらにその過半数が農作業に従事することが義務付けられている。しかし農業生産法人のなかには、自社で生産した農産物とともに、周辺の農家から調達した農産物を販売するなど、生産よりも販売のボリュームが大きい法人も少なくない。このように、生産以上に販売や加工の比重が大きくなっていくと、「過半数が農作業に従事する」という条件をクリアすることが困難になってくる。このため戦略特区内で農業を行う法人は、農作業に従事する役員が１人いれば、農業生産法人の要件を満たすと決められた。

農業特区のトップバッター２圏

２０１４年３月、国家戦略特区として東京圏、関西圏、新潟県新潟市、兵庫県養父市、福岡県福岡市、沖縄県の６区域が選ばれた。このうち、農業関係の特区として選ばれたのは、養父市と新潟市である。

養父市のケース

中山間地に囲まれた養父市では、高齢化が進行しており、耕作放棄地を多く抱える。同市は「養父市中山間農業改革特区」と名付けられ、中山間地で実現できる農業モデルの構築が目標とされている。高齢者を積極的に活用するとともに、民間企業との連携による次のような農業の構造改革を進めている。

①農業委員会と市町村の事務分担に係る特例（2014年9月9日認定）

前出の4つの規制緩和メニューのうち、「農地等効率的利用促進事業」が活用される改革がこれに該当する。養父市と養父市農業委員会との間で合意がなされ、市全域の農地について、農業委員会がこれまで行ってきた事務の全てで養父市が決定権を持つことになった。せっかく「農地を使いたい」という人がいるのに地主が「貸したくない」と拒否して貸借されなかったような農地も、市長の判断で貸借されるようになれば、耕作放棄地の解消につながる。

この特例の結果、申請から許可までの事務処理期間は、2014年度平均で26日だったのが2015年度には13日へと短縮された。

②農業生産法人に係る農地法等の特例（2015年1月27日認定）

国家戦略特別区域内で農業及び関連事業（加工・販売等）を行う法人は、農作業に従事する役員が1人いれば、農業生産法人と同様の取り扱いとする（2016年4月に改正農地法施行により、全国措置）。

この結果、養父市では過去10年で4社しかなかった市外からの企業参入が、指定後には1年半で10社になった。たとえば、ヤンマーアグリイノベーション株式会社は、0・63ヘクタールの農地を市内で賃借して「にんにく産地化プロジェクト」に取り組んでおり、国産ブランドにんにく「やぶ医者にんにく」を生産。16年6月より出荷を開始している。

③農業への信用保証制度の適用（2015年1月27日認定）

商工業とともに農業を営む者に対し、金融機関からより円滑に資金調達できるようにするため、県の応分の負担を前提に、信用保証協会による保証を可能とした。17年1月末までに9件の事業（うち農業分野以外の企業の活用は3件）に対して合計1億700万円の融資

（運転資金3件、設備資金6件）を実施している。

そのうちの一社が、京都市に本社を置く株式会社マイファームだ。同社は全国各地の耕作放棄地を農地として再生してきた実績を持ち、養父市では株式会社マイハニーを設立し、耕作放棄地を利用して養蜂業を始めた。

また兵庫県姫路市で花卉《かき》の卸売市場を運営する姫路生花卸売市場も、養父市内の耕作放棄地を活用して株式会社やぶの花を設立し、生花生産に乗り出している。これらの農業生産法人は希望により、「農業への信用保証制度の適用」を活用し、兵庫県信用保証協会の保証を得て、資金融通を受けられる。

④交流滞在型施設の整備

養父市大屋町にある大杉という地区で、一般社団法人が古民家を活用した宿泊施設を営業することになった。宿泊施設の設置基準の適用を一部除外し、入口にビデオカメラなどが設置され、火災など緊急時に対応できる体制になっていれば、フロントがなくても宿泊施設として認められる。

新潟市のケース

もうひとつの農業特区に選ばれた新潟市の場合は、養父市のように耕作放棄地が多いわけではなく、むしろ優良な農地が広範に広がっている。この強みを最大限に活かすために同市は「新潟市革新的農業実践特区」に選ばれた。

地域の高品質な農産物と高い生産力を活かし、●農業者の経営基盤の強化、●農地の集約・集積、●6次産業化（生産から加工、流通、販売といった一連のプロセスを統合して農産物の付加価値を高める事業形態）の推進、●食品の高付加価値化（食品機能性表示制度等の活用）などといった事業を展開している。

①農業生産法人に係る農地法等の特例（2014年12月19日、15年6月29日、同年11月27日認定）

養父市同様「農業法人経営多角化等促進事業」の適用を受けた法人が、新潟市内の農業者と連携して農業生産法人を設立し、農産物の生産・加工を行う。9事業者が認定されている。この事業を活用した企業のひとつがコンビニ大手の株式会社ローソンで、新潟市内の農家との共同出資による農業生産法人「ローソンファーム」をすでに運営している。同社が15％を出資し、農場で生産したコメはローソンの店舗で販売する。

②農業委員会と市町村の事務分担に係る特例（２０１４年12月19日認定、15年11月27日変更）

「農地等効率的利用促進事業」を活用し、新潟市農業委員会に代わって、新潟市全域の農地の権利設定、移転にかかわる業務の全てを新潟市が決定することになった。

③農家レストランの農用地区域内設置の容認（２０１４年12月19日認定）

農業者が地域で生産した農畜産物を主たる材料として調理して提供する場合に限り、農地転用が許可されない農用地区域にて農家レストランを設置できる「地域農畜産物利用促進事業」を活用し、16年3月に農家レストラン「Ｌａ Ｂｉｓｔｅｃｃａ（ラ・ビステッカ）」が新潟市内でオープンした。同市内で酪農と稲作を経営する「フジタファーム」が子会社を設立して運営するもので、特区を活用した農家レストランの開業は全国初となる。規制緩和により水田だった農地を転用して店舗を建て、新鮮な新潟産の食材を使ったステーキやハンバーグ、カレーなどを提供している。

④農業への信用保証制度の適用（２０１４年12月19日認定）

「農業への信用保証制度の適用」により、商工業とともに農業も営む中小企業者は、新潟県信用保証協会の保証を得て資金融通を受けられるようになった。

地方創生を目指す特区第2弾

国家戦略特区諮問会議は2015年3月、国家戦略特区の第2弾として秋田県仙北《せんぼく》市と宮城県仙台市、愛知県の3圏域を「地方創生特区」に指定した。地方の人口減少や少子高齢化に歯止めをかけることを目指すもので、3圏域のなかで仙北市と愛知県が農林業絡みの特区である。

反対論に屈することなく、農業を成長産業へ

企業の農地取得に反対する人々は、これまでその理由として、「企業は利益が上がらなければ耕作を投げ出し、農地を耕作放棄地にしがちである」「企業は農地を産廃置き場にしがちである」ことなどを挙げてきた。もちろん、耕作放棄地の大部分は農家自身が作り出したものだし、また産廃用地を提供してきた過去があるので、これは筋違いの議論である。

しかし養父市ではこうした反対論にも応える条例が15年9月に制定された。企業が農地を仮に保有できるようになった場合に、市がその企業から一定額の預託金を預かることになったのである。

企業が農地を保有後5年以内に耕作放棄地や産廃置き場にしてしまった場合、土地の所有権を市に移した上で、その預託金が農地を修復するために使われる。逆に保有後5年が経っても企業が農業を続けているならば、預託金は少しずつ企業に返還されるという仕組みだ。

これを受けて政府は16年3月、特区である養父市に限定し、上場企業の農地所有を条件付きで認める特例措置を今後5年間の時限措置として設けた。

農林業の担い手不足や遊休農地等の解消は喫緊の課題である。この措置が、農業の担い手の確保、遊休農地の発生防止・解消による農地の効率的な利用が図られる第一歩となることが期待される。

国家戦略特区における農業分野の規制緩和は、農業参入企業あるいは企業的発想を持つ農業者を対象としたものである。それだけに、兼業農家（米作農家数の大半を占める）や、既存の保護政策によって守られている諸団体からの反対論は依然として根強いものがある。

しかし、特区を活用して新規参入した企業が経営を軌道に乗せ、農業が活性化されれば、特区制度の成果が認められることになり、全国レベルで規制緩和が行われるようになるであろう。確実に売り上げや利益が上がれば、周辺農家から「うちの農地を貸したい」という声が上がり、農地の流動化にもつながる。

一方でこれまで転用が許されていなかった農地に農家レストランができれば、消費者が農村を訪れる機会が増え、農家の所得向上につながり、農村も活気づく。

特区における農業の岩盤規制改革が農村を切り口とした新たなビジネスの創造にも役立つことが可視化された時、改革はさらに加速され、農業は成長産業として、本格的に変貌していくことになるだろう。

八田達夫（はった・たつお）１９４３年生まれ。アジア成長研究所所長。経済同友会政策分析センター所長。経済学者。著書に『日本の農林水産業』ほか。

コラム5 新しい農業ビジネスモデルのパイオニアたち

田中農場——補助金に依存しない稲作

青山浩子（農業ジャーナリスト）

有限会社田中農場（鳥取県八頭《やず》郡）では、約106ヘクタールの農地でうるち米（約47ヘクタール）、酒米である山田錦（約39ヘクタール）、もち米（約3ヘクタール）など稲作中心に行い、大豆、黒大豆、白ねぎなど野菜も生産している。

山田錦は県内外の7社の蔵元により銘柄酒として販売。そのほか自社原料を使った手づくり餅、味噌、きなこ、黒豆茶、白ねぎ酢、漬物などといった加工品を飲食店、スーパーなどに販売しているほか、ホームページを通じた直販も行っている。

1996年に法人化し、正社員8名、臨時雇用8名の体制。2013年の売り上げは約1・5億円である。

現取締役会長である田中正保氏は1951年に養豚を営む両親のもとに生まれ、71年の就農当初は、養豚と水田の複合経営を行っていた。

田中農場の事業概要図

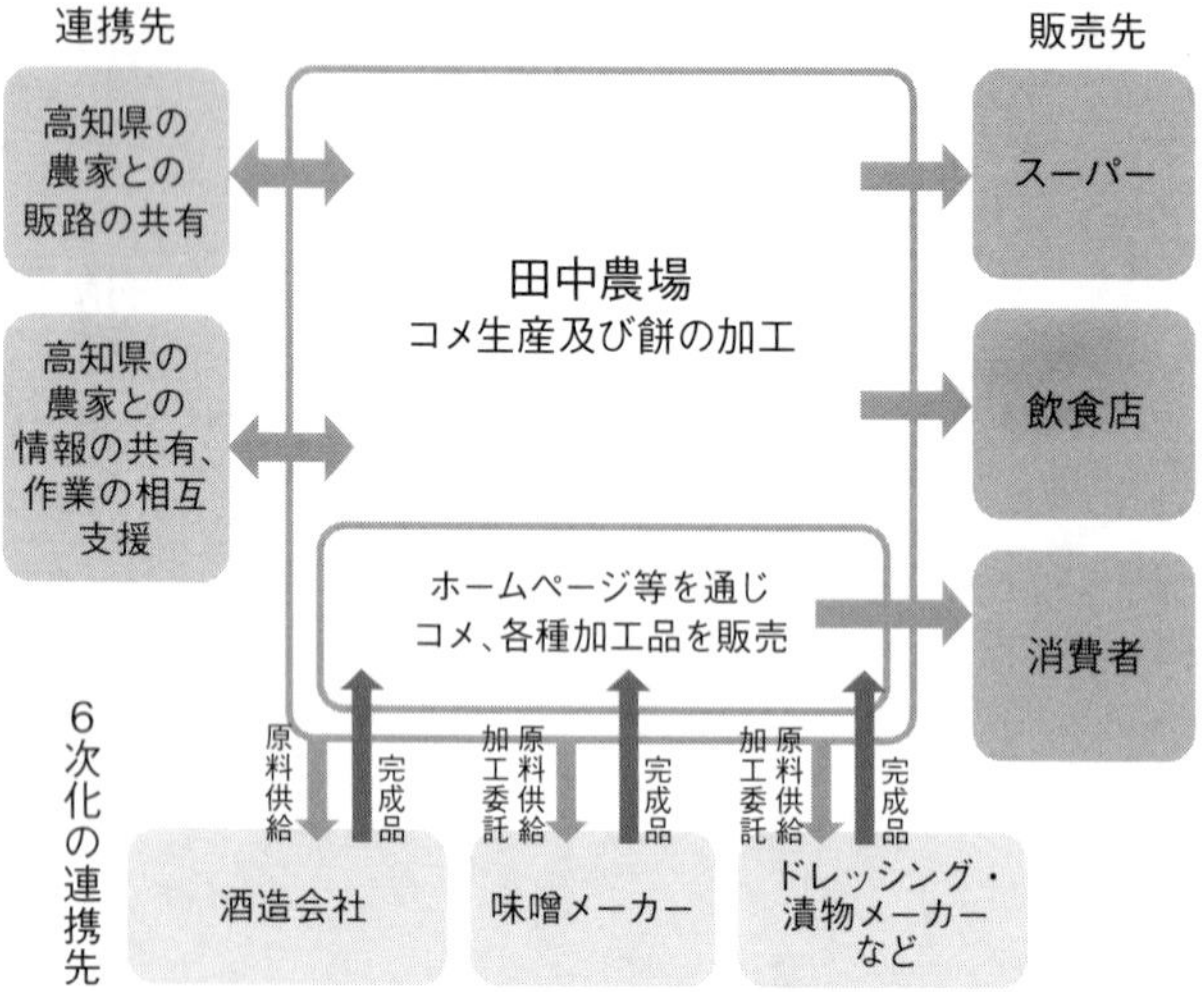

就農してすぐ減反（生産調整）が始まったが、転作を引き受けるという条件で近隣の農家から借地し、水田面積を拡大していった。大半の農家と同じく「減反は一時的な措置。そのうちまたコメが作れる」と考えており、転作作物である麦・大豆を真剣に作ろうとしなかったためである。80年には面積が13ヘクタールまで拡大。2年後に養豚業との兼業は難しくなり、稲作専業になった。

当時、コメは食管法のもと国が管理していた。農協組織の米価闘争もあり米価は上がり続けていたが、需要は減り始めており、ついに87年から下落するようになった。

このとき田中氏は、「国の保護下にあったコメが市場原理で評価される商品に転換する合図だ」と認識。それまでの転作作物中心の経営から稲作中心の経営にシフトしていく。

「これからはコメが主役になると思った」

長らく政府の管理下にあったコメに市場原理が働くようになれば、品質による違いが評価され、それが価格差につながる——というのが田中氏の考え方だ。

「コメは長らく食管法で守られてきた。守られているということは、いいコメを作ろうと作るまいと米価はプラスマイナス10％程度の価格差しか生まれない。そのタガがはずれて消費者がコメを選ぶようになれば、1万円のコメも3万円でも売れるコメも出てくる。コメが主役になると思った」と語る。

転作作物を引き受けてきた時代も漠然と麦や大豆を作っていたわけではなく、堆肥などで土づくりをしながらコメ作りに備えるための環境づくりを行っていた。借りた圃場の多くは国の構造改善事業によって基盤整備されたばかりの水田だった。

「何十年もコメ作りをしてきた田んぼをゼロの状態にして新たに水田にしたのだから当然排水もよくないし、地力もない。品質のよいコメができる土壌環境を作るには最低でも10年は必要」と考え、いつでもコメ作りに移行できる環境を整えていった。こうした基礎があったおかげで、同農場では20年以上前から、化学肥料や化学農薬をほとんど使わずとも収穫量を確保できている。

凶作をきっかけに直販ルート拡大

直販に力を入れ始めたのは、稲作中心にシフトした80年半ばからだ。「米価が下がり始め、コメという商品の幅が広がったが、自分で売らなければその幅をものにできない」と考え、地元内外の親戚・知人のツテをたどって販売を開始する。最初から売れたわけではなく、当初はＪＡにも出荷していたが、87年から導入された特別栽培米制度（食管法のもとで、農薬や化学肥料を減らしたコメに限り、消費者への直接販売が認められるようになった制度）を活用し、直販ルートを少しずつ増やしていった。

直販が伸びたのは93年の大冷害の年からである。全国的にコメ不足となり、一時的に需給が逼迫。政府は緊急的にコメを輸入する事態のなか、田中農場は長年の土づくりが功を奏し10％減にとどまった。この際、コメの調達を不安視したレストラン、スーパーから「少しでいいから分けてほしい」と頼まれ、従来と変わらない価格で販売。これによって取引先から絶対的な信頼を勝ち得て、全国各地に直販ルートを確立することになった。

田中農場周辺の地域におけるコメの反収（10アールあたりの収穫量）は7～8俵（420～

480kg）程度だが、同農場は量より質重視で6・5俵ほどの反収に抑え、その分食味のよいコメ作りにつとめている。このため、地元のJAが集荷する価格に比べて4割弱高い価格設定だが、食味重視のレストラン、スーパーとの取引は安定している。

コメの直販を始めた頃から加工も本格的に行い、もち米を餅に加工したり、大豆や小豆を地元の加工業者に頼んでできないこやあんこにした。最近は白ねぎを広島県の加工業者に持ち込んで「白ねぎぽん酢」や「ネギネージュ」（ドレッシング）にするなど加工品の種類も増えた。

さらに冷害の年から取引が始まった東京のスーパーから、「よい酒を造る蔵元を紹介する」と言われ、酒米の生産も始めた。現在、同農場の酒米は埼玉、京都、大阪、兵庫、鳥取、山口など各県の蔵元の手により上質の酒になっている。いまではコメの作付面積全体の半分近くが酒米（品種は山田錦）である。酒米で40ヘクタールという規模は、単独の農業法人としては最大規模である。

稲作の危機は補助金依存から

今後日本が何らかの自由貿易協定に参加することによりコメの輸入量が拡大すれば、「輸入米にひっぱられる形で国産米の競合激化、価格下落という影響はいくらかはあるかもしれない」と田中氏は言う。だが、その一方で、「自分としてはこだわりのあるコメを作り、提供する方向性は変えるつもりはない」と断言する。

「コメの需要量は全体で800万トン弱。こだわり米の市場が全体の10%だとしても、それが0%になることはない。お客さんが求める農産物をどうやって作るかを突き詰めていく姿勢を崩さないかぎり、不安材料はない」

田中氏はむしろ、日本の稲作に危険信号が点《とも》るとすれば「それはコメ輸入自由化によるものではなく、補助金に依存した稲作や実需者のニーズにそぐわないコメ作りから起こりうる」と語る。

主食用米の需要が減り続けているため、政府は家畜向けの飼料米増産を政策として打ち出している。生産振興のために商品代金（1kgあたり30円前後）と比較し、多額の助成金（収穫量により最大10アールあたり10・5万円）を支払っている。だが、これを田中氏は、「市場原理から外れた補助金は長続きしないし、そこに依存した農業も継続性がない」という。

コメ輸入自由化により、低価格米へのニーズが高まれば、田中氏はむしろ加工用米（味噌や菓子、酒などに使われるコメ）の作付けを広げていくつもりだ。「60kg1万円のコメであれば、それを10俵以上作る技術を確立すればいい」と、実際に酒造会社と連携し加工米作りも始めている。

「コメ全体の需要が減れば、それにともない『3万円でも売れるコメを作ろう』『1万円でも儲かるコメを作ろう』という気運が生まれていくことはごく自然なことで、それについてこれない農家から離脱する。実需と分断したコメ作りを続けていることのほうが輸入自由化よりも危険だ」と、田中氏は指摘する。

高知の農家と販路・作業を共有

田中農場では、「長期的視野に立った農業、栽培技術、堆肥で地力を高め、食味重視のコメを作る」という同農場の方針に共感する農家と、20年以上前から販路を共有化している。

連携先は高知県の稲作農家で、先方が田中氏のコメ作りの技術に興味を持ったことから意気投合。田中農場ネットワークのコメとして販売している。

高知県は8月下旬から収穫が始まる「早場米」の産地だ。田中氏は取引先から「早場米を扱いたい」と言われ、地元で自ら生産を検討したが、季節的に温暖な高知県の農家に作ってもらい、そのコメを取引先に紹介したほうが互いにメリットがあると考え、取引先からも賛同を得られた。

日本海に面した鳥取県と太平洋に面した高知県では台風の通り道も異なり、天候リスクも分散できることから連携は継続している。

販路を共有化する農家とは別に、同じ高知県の別の農家とは作業の共有で連携している。鳥取県とは収穫時期がずれる点を活かし、トラクターを互いに持ち込んで収穫を手伝っているのだ。

高知県の農家は8月が収穫のピークで9月にはほぼ終わるが、田中農場では9月から収穫が始まる。田中農場は自らの水田以外に、30ヘクタールほどの水田の作業受託も行っており、全体で120〜130ヘクタールの作業をする。このため、田中農場の収穫時期になると高知県の農家にコンバイン1台を持ち込んでもらい、収穫作業を手伝ってもらう。機械投資も抑制でき、経営面でもメリットがあるという。

将来的な経営については、「あくまでも需要があってこそ」と無闇な規模拡大は考えていない。注文が増え面積を拡大するとしても、機械や施設に投資をせず、近隣の農家に作業を委託したり、乾燥施設などを借りる計画だ。

田中氏は「1台のコンバインをフル稼働すれば50ヘクタール分の作業ができる」と機械装備しているが、近隣の農家が収穫する面積は平均20〜30ヘクタールにとどまり、余力があるため、「地域の農家や施設と連携し、農地や施設の稼働率を上げていきたい」と語る。

（データはいずれも2013年当時）

6

2025年　日本農業はこう変わる

新しい農業先進国へのロードマップ

大泉一貫（宮城大学名誉教授）

「過剰→生産調整」から「過剰→輸出」への発想転換を

2013年の統計で、日本はコメ生産量で世界10位、鶏卵生産量は5位、農業全体の産出額では9位にランキングされている。とかく「競争力がない」と言われがちな日本の農業だが、実は生産量が少ないわけではない。

日本の弱点は、豊富な生産を付加価値の高い商品として加工し、国内外の市場に流通させ、販売していくためのルートが確立されていないことにある。

従来の国内生産者は、「JAや卸売市場に出荷するまでが自分の仕事」という意識であったため、その先の消費者や外食・中食業者に求められる商品に仕上げようとは考えもしなかった。日本の農業がこうした「プロダクトアウト型」(第1章参照)から脱皮しようとしないことにしびれを切らした食品加工メーカーは、やがて原料や生産拠点を海外に求めるようになり、かつてはあった食品メーカーと農業とのつながりは失われてしまった。

その結果、EU諸国などが行う、加工度の高い農産物(この場合の「農産物」の定義は第1章を参照)を生産し、関連産業や異業種との有機的な関係を構築する「成熟先進国型農業」に大きく後れを取ってしまった。

他国に実現できた農業改革が日本でできなかったのは、「国内市場だけをターゲットにすればよい時代」があまりに長すぎたからだ。終戦直後に約7200万人だった人口が60年で1億2000万人に増加した日本では、国内市場だけで十分に大きな需要があり、国内の人口増加に伴う食料増産だけを考えていればよかった。コメが生産過剰になっても「余った分は輸出に回そう」とは考えず、「生産量を調整しよう」という発想で解決を図ってきた。

もし戦後のどこかのタイミングで、「過剰ならば輸出」へと政策転換し、日本農業が世界を相手にするようになっていたら、日本の農産物が高コスト構造に陥っていることは皆が早晩悟っただろう。どうすればコストを下げ、競争力を高められるかを必死に考えたはずだ。

しかし現実には、恵まれた国内マーケットに安住し続け、低生産性・高コスト構造から脱却できないまま少子高齢化の時代を迎え、国内需要も減少局面に入ってしまった。

この必然的結果である農産物価格の低下に対して、価格決定の当事者である農協は政府に責任転嫁し、相も変わらず補助金増額などを要請している。

もはや、これまでのやり方では持たないのは誰の目にも明らかだ。

第1章でも触れたように、日本国民の食生活はとっくに外食や、小売店で購入する加工食品主体となっており、コメのほか麦、大豆、牛乳、牛肉・豚肉などあらゆる農産物が惣菜・弁当といった加工食品としての提供を強く求められるようになっている。農業の使命が「国民への安定的食料供給」であることは今も昔も変わらないとはいえ、原料農産物を作るだけで「食料を安定供給している」とは、もはや言えないのである。

その一方で、海外ではいま空前の和食ブームが起きているが、このチャンスをモノにできるかどうかは、国際競争力のある原料農産物を生産し、他産業と積極的に連携し、食料供給の一端を担う産業へ転換できるかどうかで決まる。輸出も射程に入れた農業のスタイルを作るとしたら、顧客やマーケットともっと強く向き合わないわけにはいかない。

私たちは、わが国の農業のスタイルが大きな変更を迫られていることに気づくべきだ。はたしてわが国にはどのような「新・農業ビジネス」の可能性があるのか。わが国の農業は成熟先進国型となりえるのか。あるいは、他の先進国とは別の独自のスタイルも可能なのだろうか。そうした問題について考えるのが、本章の焦点である。

「新しい農業ビジネス」の9タイプ

「これからの日本農業」についての議論では、マスメディアや農政の関係者から必ずと言っていいほどよく挙げられる、いくつかの「目指すべき方向性」がある。

「規模拡大でコストダウンをすべきだ」

図表6-1　「新しい農業ビジネス」の9タイプ

	プロダクトアウト		マーケットイン
新しい農業ビジネス	①規模拡大・コストダウン農業 ⑨植物工場（＝企業参入）	②農家の個人販売 ③6次産業化 ④体験農園・観光農園	⑤契約栽培農業 ⑥営農販売会社による契約受注生産 ⑦農商工連携 ⑧企業の農業参入（流通・外食の参入）（食品企業の参入）
	高生産性農業（自家販売せず）	B to C農業（農家の自家販売）	フードチェーン農業

「農家はもっと販売に前向きであるべきだ」

「農家が生産した農産物を農家自身が加工し、さらにそれを販売してみてはどうか」

「果物のもぎとりなど、農業体験を一種の観光資源として提供しよう」……等々である。

筆者と筆者の研究チームは、日本農業が目指すべき経営革新の方向性・可能性を探るために、国内30ヵ所の経営体をリサーチし、その結果、現在までに議論・提案されている新しい農業が、〔図表6－1〕に示した9タイプに分類可能であると結論した。

先程述べた「規模拡大」「農家による販売」「加工して販売」「農業体験」も、それぞれこのタイプ分けの中の、〈①規模拡大・コストダウン農業〉〈②農家の個人販売〉〈③6次産業化〉〈④体験農園・観光農園〉に対応する。

分類にはこれ以外にも〈⑤契約栽培農業〉〈⑥営農

販売会社による契約受注生産〉など若干専門的な響きの農業スタイルもある。「営農販売会社」は、私が勝手に命名したものだが、後述するように農家が収入を増やすのには効果的な手法である。

これに近年マスコミなどでよく話題になる〈⑦農商工連携〉、〈⑧企業の農業参入〉、〈⑨植物工場〉を加え、最終的に9つとした。

これ以外にも筆者らがまだ気づいていない農業ビジネスがある可能性は否定しないが、現時点で「新しい農業ビジネス」と考えられている経営は、基本的にこの9つの農業のいずれかに分類できると考えている。

マーケットインの仕組みと「フードチェーン農業」

「新しい農業ビジネス」とは、何を基準に「新しい」と言うべきなのか。これについて本章では事業システム、つまり農業者がマーケットにいかに向き合おうとしているか――に注目して論じることにした。作物を作ってから売り先を考える「プロダクトアウト型」なのか、売り先が決まってから生産する「マーケットイン型」なのか、という問題である。

これまでわが国の農業は前者を基本スタイルとし、生産は卸売市場の規格をベースにしていた。生産者はお客のニーズとは無関係に、市場の規格に合致したものを作れば「それなり」に売ることはできたのだ。だが、「売り先が決まってから生産する」マーケットインの場合、顧客（クライアント）からの注文があってはじめて生産するのだから、優先されるのはあくまで顧客のニーズである。

農産物の品質も、価格も、顧客仕様で決まる。顧客の望みどおりに作ることができればたくさん買ってもらえるが、逆にどんなに良いものを作っても、それが顧客に望まれないものならば無駄になる。クライアントの要望は卸売市場の規格よりはるかに厳しい。彼らからすれば、農産物市場ではなかなか希望に適うものが見つからないからこそ「契約」してでも手に入れようとしているのだから、それも当然だろう。

したがって要望を受ける側である農業者には、高水準の技術や管理能力が要請されるが、今のわが国においてこの要望に応えられるのは、基本的にマーケットインのシステムを作っている農家と考えてよい。

ここで、マーケットイン型の農業とは何かについてもう一度整理しておくと、顧客の注文に基づいて計画生産を行い、農業者と顧客が市場を媒介せず、直接の契約をかわす農業のことである。

この関係にあっては、農業者と顧客が緊密に連携するだけでは十分でなく、資材メーカーや物流、流通業者などの力も必要となる。彼らもまた、農業生産のプロセスに連携している。こうした、様々な機能を持った者同士がお互いを必要とし、連携することで食品提供プロセスを構成する農業のことを、筆者は「フードチェーン農業」と呼ぶ。

「先進的な」プロダクトアウト農業もある

それに対して「プロダクトアウト農業」は、毎年の季節の到来とともに生産を始め、収穫したものを農協へ持っていくことで完結するルーティンワーク的な農業であるがゆえに、顧客ニーズに応えることは相対的に難しい。卸売市場等に持っていったとしても、いくらで売れるかは市況次第となる。

ただし、プロダクトアウト農業が必ずしも時代遅れというわけではない。「先進的農業」を整理した前掲**〔図表6－1〕**では「高生産性農業」（①規模拡大・コストダウン農業および⑨植物工場）や「農家の自家販売（B to C農業）」（②農家の個人販売、③6次産業化、④体験農園・観光農園）を挙げているが、実はこれらは、どれもプロダクトアウト農業なのである。

だがこれらのプロダクトアウト農業が、日本の一般的な農家がやっている類のプロダクトアウト農業とはまったく異なるものであることは、あらためて強調しておきたい。

たとえば「高生産性農業」は、消費者や小売店、外食業者のニーズを無視して、作りたいものだけ作るわけではない。生産性向上やコスト削減など、生産面の競争力に長けた経営体が市場や問屋など取引先のニーズを把握し、それによって求められる品質、価格を実現する努力を行っている。つまり自ら売り込みをしたり、販売活動をしたりせずとも、取引先のほうから「あなたの作るものがほしい」と言わせるほどに、生産性向上やコスト削減に労力を払っている、というわけだ。

大規模稲作や畜産、施設園芸の経営者には、こうした農業の実践者が多い傾向がある。顧客の厳しい要望に応える「フードチェーン農業」の中にも、実は高生産性農業が存在する。

ここに挙げるもうひとつの先端農業である「農家の自家販売（B to C農業）」もプロダクトアウト農業だが、これはできた農産物を農協に出荷するのではなく、農家が自分自身で不特定多数の消費者を相手に売る、という点において通常のプロダクトアウトと一線を画している。「自分で作ったコメの価格は自ら決めたい」「栽培方法のこだわりを理解してくれる消費者に直接買ってもらいたい」――個人販売を始めるきっかけはそれぞれだが、自らの作る農産物の個性や物語性を強調することで自社農場をブランド化し、固定ファンを増やす農業者は増えている。

このようなスタイルの場合、顧客からの要望で生産のありようを変えるわけではないので、プロダクトアウトであることに違いはないが、一方で自分が作った農産物を自分で販売するという新しさがある。ただ、農家の個人販売であるため商圏は狭く、ニッチでローカルなビジネスにならざるをえない。

前述したように、「フードチェーン農業」は、クライアントの注文に基づいて計画生産を行うために、複数の企業の得意技を生かそうと相互に協力・連携する農業を指すが、この「フードチェーン農業」を行う農業者の中には、「農家の自家販売（B to C農業）」からスタートし、フードチェーンを形成したあとも続けている経営体もある。本書で事例として挙げているコメ生産農家は、ほとんどがこのタイプである。

つまり「フードチェーン農業」を行っている農業経営が、同時に「高生産性農業」や「自家販売農業」である、ということはありうるが、その逆はない。「高生産性農業」や「農家の自家販売（B to C農業）」だからといって「フードチェーン農業」であるとは限らない。

「フードチェーン農業」の5つの類型

わが国の「フードチェーン農業」は試行錯誤の真っ最中であり、「これが定型」と言えるものはまだ存在しない。しかしそれでもさまざまなスタイルが試される中から、日本の将来の主流になりうる「フードチェーン農業」がいくつか出現しつつある。

筆者は、現在の日本のフードチェーンは〔図表6－2〕に示した5タイプに分けられ、さらにこの5類型は連携のスタイルの違いによって、「水平分業によるフードチェーン」と「垂直統合によるフードチェーン」という2派に分類できると考えている。

この2派の特徴は、前者が「契約」によってチェーンができているのに対して、後者が「企業の内部統制」によって連携が形作られているという点だ。これは言い換えれば、「機能連携を契約などによって協力しながら行う」のか、それとも「一つの企業がすべてを統制して行う」のかの違いでもある。

〔図表6－2〕の上半分にある〈❶契約栽培〉〈❷営農販売会社（による契約受注生産）〉〈❸農商工連携（加工メーカーと農家の契約）〉は、いずれも契約によって連携する「水平分業によるフードチェーン」である。このパターンでは農家が農業生産の機能を担いつつ、販売、加工などのその他のセクションでは、他の企業が連携しあっている。

これに対し下半分の〈❹❺企業の農業参入〉は「垂直統合によるフードチェーン（企業の内部統制）」であり、農業生産の部分も含め、全ての機能を1つの企業が行うことになる。

「垂直統合によるフードチェーン」はたいていの場合、流通業者や外食企業、食品製造

図表6-2　日本のフードチェーン農業の５類型

水平分業によるフードチェーン（産業バリューチェーン）

❶契約栽培　流通業者等が媒介（例：フクハラファーム、田中農場、内田農場、横田農場、柏染谷農場）

農産物生産 ⟷ 実需者等

農産物生産 ⟷ 卸等 ⟷ 実需者等

❷営農販売会社　生産者の営業活動による契約（例：和郷園、トップリバー、ミスズライフ、庄内こめ工房）

農産物生産 営業 ⟷ 実需者等

❸農商工連携　（例：カルビー、恵那川上屋、モクモク手づくりファーム）

農産物生産 ⟷ 製造・販売

垂直統合によるフードチェーン（企業バリューチェーン）

❹企業の農業参入・流通・外食

（例：セブンファーム、ワタミファーム、イオンアグリ創造）

農産物生産 流通・外食

❺企業の農業参入・食品メーカー＆農家の６次産業化

生産から販売まで全て社内で行うフードバリューチェーン
（例：わかば農園、フリーデン、日本ハムの自社農場、イセ食品、神明、かわに）

農産物生産 製造・販売

実需者：食品スーパー、外食・中食企業、食品製造企業等を指す

業者などの農業参入によるので、「企業の農業参入」と同義だと考えてもらっても構わない。ただ例外として「6次産業化」の場合は企業が参入してくるわけではないものの、農業者がすべての機能を一人で担う（垂直統合される）ためここに含まれる。

本章では主に図の上半分、つまり「契約」に基づく「水平分業によるフードチェーン」について紹介していきたい。

野菜の契約栽培・出荷契約

「水平分業によるフードチェーン」の1番目である「契約栽培」にはいくつかのバリエーションが存在する。農業者がスーパーマーケットのような量販店からの働きかけを受けて、野菜などの出荷を約束する出荷契約はもっともシンプルな形態の契約栽培である。これを結ぶことで、農業者は自分が作ったものの売り先が確保できる一方、実需者も自分たちの要望に沿った農産物を入手できる。

この「契約」は多くの場合、農家が無理なく履行できる範囲のもので、それほど厳格なわけではない。その年の気象条件がたまたま悪く、不作になったなら契約は無効、というケースもある。

ただこれでは量販店の立場からすると、要望通りの品質、価格の商品が納品されるのか不安にならざるをえない。そのため量販店の中には、契約している農業者を幾つかのランクに分け、買い取り価格に差を設けているところもある。あまり要望通りに作ってくれない農家の商品は通常の価格でしか買い取らないが、品質も含めて常に希望通りに対応してくれる農家には日頃から高めの価格を設定するのである。

もっとも現状では、大半の量販店は卸売市場を商品調達のメインルートとしており、農家との出荷契約による調達は、あくまでその補完という位置づけにとどまっている。

業務用米の不足が招いたコメ業界の変化

毎年3月になると生産者たちが価格も売り先も分からないまま一斉に作り始めるコメは最もプロダクトアウトに馴染んできた商品ではあるが、野菜に比べると、コメの契約栽培は少しばかり厳格な契約関係を構築している。

コメの取引は年1回しかないため、特に業務用のコメとなるとその1回あたりの扱い量は膨大なものになる。また野菜のように畑から毎日出荷するわけではないので、年間を通じて貯蔵しなければいけない。したがって集荷や物流、貯蔵などの機能を有する卸業者のような企業に農家と実需者の間に介在してもらい、フードチェーンの一端を担ってもらう必要が生じるのである。

このフードチェーンの関係は、さきほどの〔図表6－2〕で言えば、〈❶契約栽培〉のパターンとして示されている2例のうちの下段に該当する。

こうしたコメのフードチェーンが見られるようになったのは2010年代に入ってからのことなのだが、実はその背景にあるのはコメ不足である。

わが国では長い間コメが余っていると言われ続けてきたので、「コメ不足」と言われて首を捻《ひね》る人は多いかもしれない。じっさい市場全体の需給バランスでいえば、生産面積を毎年減らしている一方で消費の方はそれ以上のペースで落ち込んでいるので、コメは今でも余っている。だが、そうした状況にあって、なぜか業務用のコメは不足するという現象が起きているのだ。

経済法則に従えば過剰な農産物の価格は落ちるはずなのだが、日本の場合は農家の意向を受けた政府が、米価維持を目的とした需給調整政策（生産調整）を半世紀近くも続けてきた。その結果、日本の米価は、いつも相対的に高止まりするようになり、その「高い米価」が需要をさらに減少させてきた。他方で外食・中食産業は旺盛な需要を持っているにもかかわらず、彼らが望む「安くて美味しいコメ」が市場に見当たらないがゆえに、業務用米が手に入りづらいという状況が続いている。

価格さえ安ければ需要は拡大するのだが、政府が誘導する価格では高すぎるために結果的にコメが余り、一方では業者が欲しがる安い価格のコメは不足するという、矛盾した現象が生じているのである。

現在の日本ではコメ流通量の4割が業務用米であり、6割の家庭用米にしてもそのうち4割は食品スーパーなどでの販売である。つまり、わが国のコメ流通量の7割弱は、すでに外食・中食・食品スーパー向けとなっているのだ。

日本のコメ需要は家庭用から業務用に大きくシフトしているにもかかわらず、生産者の側ではまったく対応できていない現状が、このことからもよく分かるだろう。

コメの契約栽培とフードチェーン農業

一方で丼物や弁当などを販売するコメの実需者たちは、神明、木徳神糧など大手のコメ卸と協調することで、自分たちのニーズに合う、「安くて美味しいコメ」を確保するための行動を起こしている。牛丼チェーン大手の吉野家ホールディングスは、原料玄米の調達会社「アグリ吉野家ＩＳ」を、２００９年に伊藤忠食糧、木徳神糧、神明ホールディングスと共同で設立しているほどだ。

だが、コメ生産者と実需者の間に流通業者が介在するだけでコメのフードチェーンが完成するわけではない。実需者が求める水準の「安くて美味しいコメ」を作ろうとするならば、良食味でかつ収量の多いコメ品種を新たに開発し、機械のコストダウンも進めなければならず、それには品種開発メーカー、化学メーカー、機械メーカー、商社などの機能も取り込み、これら各プレイヤーが一体となって事に当たる必要があるからだ。

コメのフードチェーンでは、これらプレイヤーのうちの誰かが「チェーンマネージャー」の役割を果たすことになる。マネージャーの最初の仕事は、こうした品種を栽培してくれそうな農家（多くは大規模農業者）を、売り先を紹介しながら探すことだ。

フクハラファームのケース

滋賀県の「フクハラファーム」は、こうした需要に応えて、他業種の会社とフードチェーンを形成している稲作農家である。

160ヘクタールの水田をもつ同農場では、作付けの割合が主食用米5割強に対して、転作の加工用米5割弱。このうち主食用米の7割（農場で生産するコメ全体の35％）が、卸などを間に入れての契約栽培米となっている。

卸が斡旋する契約では、売り先、品種、食味値、価格、数量などが2月までに確定され、フクハラファームはこの契約に基づき、まずは用途に合った品種ごとの作付面積を決める。

生産する品種は、主食用米は「ミルキークイーン」「みつひかり」「ゆめおうみ」「にこまる」などがメインで、加工用米は「日本晴」と「ヒメノモチ」などだ。トータルで10種類程度を作っており、これらがそれぞれ異なる用途に対応し、作期も分散している。

10アールあたりの収穫高は、通常ならば主食用米560kg、加工用米600kgといったところだが、収量の多さが特徴の「みつひかり」などは800kg収穫することも可能だという。

今のところ「みつひかり」の生産は抑え気味にしているため、あくまで仮定の話になるが、通常の主食用米の収穫量が560kgのところ800kgも穫れるということは、(800－560)÷800＝0・3なので、単純計算で30％もコストが割安になる、ということである。

とはいえ、生産する品種を約10種へと分散させることで、すでにかなりのコストダウンを実現している。これら10の品種は用途だけでなく作期もそれぞれ異なるために、「生産品種の分散」がイコール「作期の分散」にもなる。作期が分散できるということは各々の圃場で作業できる期間を延ばせるということであり、それは必然的に、機械の稼働率アップ(＝コストダウン)につながる、というわけである。

フクハラファームの場合、シーズンが始まる前にまず圃場ごとの刈り取り時期を決め、田植え時期や耕耘《こううん》時期、品種ごとの育苗等の時期を刈り取り時期からの逆算で決める、という完全計画生産を行っているが、これにより最低でも2ヵ月の稼働期間を設けることができているという。

農業のコストダウンを進める上で、圃場の大型化や集団化が大いにモノを言うのは言うまでもないが、フクハラファームの場合160ヘクタールという広大な圃場を擁しているのに加えて機械の稼働率をあげて大幅なコストダウンを行っている。同農場が実需者の求める「安くて美味しいコメ」を提供できているのは、当然の帰結なのである。

営農販売会社とフードチェーン農業

ここで〔図表6-2〕をもう一度ご覧いただきたい。〈❷営農販売会社（による契約受注生産）〉は、自分で注文を取ってくるスタイルの農業だが、個人で注文を取るのではなく、自社内部に擁する営業部門ないしは系列の営業会社が受注する、という点が特徴だ。営業部門が受注した農産物生産は、この会社が独自にもつ栽培部門とその傘下にある多くの農家が行うことになる。

こうした組織を私は「営農販売会社」と呼んでおり、このケースでは卸や品種開発メーカー、資材メーカーなどに代わって「営農販売会社」がフードチェーンのマネージャーの役割を果たすことになる。

具体的にどういう役割を果たしているかは、以下の実例を見てもらうことにしよう。


農事組合法人和郷園と株式会社和郷のケース

株式会社和郷（千葉県香取市）は、農事組合法人和郷園と密接な関係にある営農販売会社だ。1996年に有限会社としてスタートした（農）和郷園は生鮮野菜の生産と加工を行い、2013年実績で、39億円（生鮮野菜18億円、野菜加工品19億円、リサイクル事業2億円）の売り上げを上げている。

（株）和郷はその和郷園ビジネスの営業・販売部門を担っており、現在では約50社（スーパー系15社、生協系11社、外食系20社、その他5社）の大手クライアントと契約し、各社からの注文を受け付けている。だがその際も注文をただ一方的に受け入れるのではなく、同社の「販売事業部」が各取引先にバランスのとれた販売計画を立案し、各取引先に提案しながら注文をまとめている。計画生産・計画販売を確実に遂行するためには欠かせないプロセスだという。

クライアントからの受注は「品目部会」にかけられ、作付計画や販売計画の調整をした上で（農）和郷園に発注する。注文を受けた（農）和郷園は、組合員に生産を委託し、納期までに（株）和郷に納品する。（農）和郷園は、多くの専業農家を傘下におく構造になっており、現在91戸の農家（野菜農家41戸、花・苗の生産農家約50戸）が参加。野菜農家の場合、1戸あたり4000万～5000万円の販売額を上げているという。

なおクライアントが増え、参加農家が増え、出荷産品も増えてくると、最も大変なのはロジスティックスになるが、その点（株）和郷は、パッケージセンターや加工施設などの流通施設を複数もっており、顧客への合理的な配送を高い水準で実現している。

また同社の場合、産地から消費地への「情報・物流の一方通行」ではない、消費動向や事業者情報を得ながら生産し、生産動向から新たな提案を行う「情報の双方向性」へのビジネススタイルを作り上げているが、それは顧客への提案を中心とした営業スタイルを長年続けてきたことの成果である。

トップリバーのケース

長野県北佐久郡を拠点にレタス、キャベツ、白菜などの高原野菜を生産している有限会社トップリバーも、マーケットインの体制を作っている営農販売会社である。2000年に設立されて以来毎期黒字経営を続けており、現在年商12億円の企業にまで成長している。

栽培面積は100ヘクタールで、うち自社生産が33ヘクタール。自社の従業員約30名に加え、他に約30戸の農家が契約生産に参加している。顧客はおよそ40～50社で、外食・中食業者のほか、食品スーパーやコンビニなど流通業者との契約栽培がメイン。これら業務用が全売り上げの7割に上る。

会社の基本理念は、「お客さまの求めるものを確実に届ける。商品に見合った値段はいただく」というもの。だが求められる野菜はクライアントによってまったく異なるため、3人の社員で構成される「営業部門」が、いかに顧客のニーズを細やかに把握できるかがきわめて重要となる。取引数量、取引価格、納入時期、農産物の仕様を営業が契約としてまとめ、「生産部門」がそれに基づいた生産計画を作り達成するための方策を必死になって考えるといった事業スタイルである。

具体的には、「生産部門」が、各生産者の年間の旬別（10日ごと）の栽培・出荷計画を前年の12月までに作成し、これをもとに旬別の年間出荷予定量を1月までに作成する。この出荷予定量を、この間営業部門が得てきた受注量と2月までに突き合わせ、各農家の生産・出荷計画を修正する。

これらの作業をもとに、各農家の作付面積、播種日、定植日、収穫日、規格、収穫量を最終決定し、通知する。播種日や定植日などは、出荷量を入力すれば自動的に算出されるソフトが常備されており、農業経験が浅い従業員でも計画を立てることができる。他方、生産量が受注量を上回る時期については、営業が新たに販売先を開拓するか、あるいはすでに契約した先から新たな受注を求めるなどして販売量の拡大を図る。

トップリバーでは営業部門と生産部門は車の両輪としているものの、会社の成長に与える影響に限れば、生産が「1」なら営業は「2」であると断言している。

和郷園やトップリバー以外にも、「野菜くらぶ」（群馬）、「新福青果」（宮崎）、「庄内こめ工房」（山形）、「こと京都」（京都）をはじめ、「営農販売会社」は、すでに全国各地に存在し、いずれも自らの営業活動によって川下ニーズに対応するマーケットイン型の農業ビジネスモデルを作り上げている。

注文に基づいた生産を行うことで生産の情報が顧客へ届き、顧客の情報が生産現場に反映される「情報の双方向流通」が可能となっているのも、営農販売会社の共通点だ。わが国の新しい農業ビジネスの一つとして、確実に定着しつつあると言えるだろう。

「農商工連携」というスタイル

さきほどの〔図表6－2〕の❸にあたる〈農商工連携〉とは、農産加工品を販売する企業が、原料調達のために農業者と契約するスタイルのフードチェーンである。このスタイルでは、加工メーカーが自社商品の特徴や方向性と合致するように農家に栽培指導を手がけることもあれば、場合によってはメーカー自身が農業生産にも参加する。加工業者は、このような緊密な関係を農家との間に作ることでチェーンマネージャーとなるのである。

農家が加工用原材料を生産する場合、とかく加工メーカーに買い叩かれがちであると言われる。だがこのケースでは加工メーカーが、質の良い原料農産物を確保するために農家とウィン・ウィンの関係を築こうと努める。

このフードチェーンの代表的な例は、カルビーのケースだろう。説明は不要だろうが、馬鈴薯《ばれいしょ》を原料にしたポテトチップスや、「かっぱえびせん」などのスナック菓子を作っているメーカーだ。同社は「市価の2倍で馬鈴薯を買い、市価の3割安く製品を売る」をモットーとしており、そのかわりに、「自社のスペックに合えば高く買うが、合わない芋はいらない」とも宣言している。

農商工連携型のフードチェーン農業は、こうした農家、加工業者双方にメリットのある関係を例外なく構築している。

カルビーのケース

製品の売り上げが単体で約1600億円、グループ連結で約2200億円というカルビーでは、馬鈴薯の購入代金に年間約100億円を費やしている。

そのために同社では2500戸の農家と契約しているのだが、彼ら契約農家にカルビー仕様のジャガイモを栽培してもらうための手段も徹底している。60人に及ぶ「フィールドマン」と呼ばれる社員を派遣し、栽培から収穫まで細かい指導を行っているのだ。

またカルビーの傘下農家の圃場はすべて合計するとざっと7000ヘクタールほどになるが、同社ではそのすべての「見える化」のために、千数百項目にも及ぶチェックリストを作成して確認させる「全圃場・全工程管理」と呼ばれる施策を進めている。

さらに、生産者と消費者をつなぐ一連のプロセスをも「見える化」するための管理方式として「三連番地方式」がある。これは、自社の加工用馬鈴薯が、どこの圃場で作られ、どういった流通で加工工場にたどり着いたかを特定するために、馬鈴薯の①生産地、②格納している貯蔵庫、③商品化された工場という3つのポイントをつないで番地管理するサプライチェーンシステムである。

貯蔵庫は産地とセットになっており、貯蔵量18万トンの貯蔵庫が20ヵ所、38棟ある体制で、ここに輸送する際のスチールコンテナには生産者の名前がついており、トラブルが発生した場合のクレームはこの生産者のところに行く仕組みとなっている。この仕組みがあるおかげで、食の問題が起きた時でも、原料から製造、販売までの履歴を遡ることが可能だという。

恵那川上屋のケース

恵那川上屋は岐阜県恵那市にある栗菓子店である。現状の販売額は約18億円だが、30億円を目指している。

もともと地元恵那地方の栗を主原料としてきたが、当地の栗農家は廃業が相次いでおり、近年は市場からの調達に頼らざるを得なくなっていた。しかしそれでは良品質の栗を確保できないと考えた同社は、1994年に恵那郡坂下町（現・中津川市）の栗農家と出荷契約を結び、年間10トンを高価格で買い取るという約束をかわした。

さらに川上屋は、栗農家と一緒に品質向上にも取り組んだ。土づくりから始めて新たに定植し、超低樹高栽培という栽培方法に取り組み、厳しい11の条件をすべてクリアした最高級の栗を「超特選栗」として格付けしたのである。「超特選栗」を川上屋が全量買い取る仕組みが確立するにつれ、東濃地域内の契約農家も徐々に増えてきたという。

川上屋では、当初から売り上げ増加分は栗農家に分配する方針を掲げており、品質の向上で歩留まり率が上がった分を価格に反映させた結果、現在の栗買取価格は当初の1kgあたり500円から800円（超特選恵那栗の早生種・Lサイズの場合）にまで上がっている。これは市場価格の1・5〜3倍だという。

筆者のヒアリングに対して川上屋では、次のように答えてくれた。

「農家と恵那川上屋は、車の両輪の関係です。素材としての栗を作る農家と、その栗で商品を作る当社と、両者が一緒に車輪を回し続けなくてはなりません。では、車輪を回し続けるにはどうすればいいかというと、栗菓子の需要に見合った栗の供給を確保するのが絶対的な条件となります」

外食企業・食品加工メーカーの農業参入、6次産業化

ここまでは【図表6－2】で言うところの、「水平分業によるフードチェーン」について主に述べてきたが、ここで、1社あるいは1農家が生産から加工・販売まですべてを担うフードチェーン形態、すなわち「垂直統合によるフードチェーン」についても少し触れておこう。

企業が農業に参入してくる場合、よくあるパターンとしては流通企業や外食企業が原料調達のために自ら農場を経営するケースがある。彼らの元々の強みであるエンドユーザーとの結びつきや販売力を活かせると考えてのことだと考えられる。実際に参入企業数や販売額の増加が見られ、今後の農業スタイルとしても期待されるパターンである。ただこうした企業の場合、いかんせん販売部門と農業部門の規模に差がありすぎ、実際には困難を抱えることが多いようだ。

よく聞かれるところでは、農地確保や周辺農家との付き合いに苦労しているほか、農業現場での農業技術の取得や、最新技術の導入などでも意外な弱点を見せているようである。おそらくこうした企業の意識としては、自社のブランディングの一環、ないしは将来に向けての実験としての農業参入の域を出ていないのではないだろうか。今後の本格的参入に向けて様々なノウハウの蓄積が必要となろう。

一方で、食品加工メーカーによる農業参入は、「インテグレーション」と呼ばれる事業形態であり、わが国では日本ハムやイセ食品などが古くから実践してきたものだ。こうした食品加工メーカーが行うのは畜産のような施設型農業であることが多く、施設の外側である農村社会との軋轢は起こりにくい。

またこうした企業の場合、自社内に研究開発部門を持つなど技術的にも高い水準を維持しているし、利用する飼料や農業資材も自己調達するだけの資力がある。農産物の貯蔵や物流等への配慮も充分なものがあり、総じて生産性の高い農業を実現させている。

その一方でインテグレーションも含めて「垂直統合のフードチェーン」全般に言えるのは、すべてのプロセスが自己完結できてしまえるがゆえに、産業界全体でのネットワーク構築にはそれほどつながらない、ということである。

農林水産省をはじめとする日本の農政が積極的に推進している「6次産業化」も、チェーンの特徴から言えば、インテグレーションなどと同様の「垂直統合のフードチェーン」である。農政がこれを「フードバリューチェーン」と呼んで推奨したことは、農村社会にフードチェーンの重要性を意識させ、浸透させる意義があった。

ただ6次産業化の場合、資本力が弱く、加工や販売経験のない農家が独力で、しかも段階を踏まず事業に踏み出さなければならないきらいがある。これでは販売や加工の仕方もアマチュア的ないしは独りよがりになってしまって「プロダクトアウト農業」の域を出ない。その意味で筆者は、「6次産業化」は「農家の自家販売（B to C農業）」に分類した方がよいと考えている。

ちなみにマーケットインを基盤とした新たな農業スタイルでは、販売機能と生産機能が連携し、1つのチェーンを形成する。このプロセスでは、多くの機能が相互に連携、また、関係する事業者も有機的に連携し、ある種の「バリューチェーン」を作りあげる。こうした農業経営スタイルは「フードバリューチェーン」と言われているが、私は少々長いので「フードチェーン農業」と呼んでいる。機能や関係者間の「つなぎ」をどう最適化するかなど、まずもって「連携」が重視されるからである。

いまだ発展途上の、日本のフードチェーン農業

以上、フードチェーン農業のさまざまなスタイルを見てきたが、これらの共通項を改めて整理すれば、顧客のニーズ発見とマーケットインの仕組みを作るために、川上・川下に位置する関係企業同士が、協力・連携する農業——ということになるだろう。

企業と農業とがそれぞれの得意技を生かしながら協力関係を築く農業のことを、本書では「フードチェーン農業」と名付けた。紙幅の都合もあり、具体的な事例を数多く紹介することはできないが、「フードチェーン農業」は、高い生産性と収益性を実現し、産出額と雇用力を増加させており、人材育成にも熱心に取り組んでいる。実践している経営体の実績を見れば、いずれも年間販売額で最低5000万円はクリアしており、1億円を超えているところも少なくない。そうした農業が「先端的農業」あるいは「新しい農業ビジネス」としてわが国にも散見されるようになっているのである。

ただ残念ながら、わが国の「フードチェーン農業」には依然として課題が多いのも事実である。和郷園やカルビーがすばらしいフードチェーンを作った実例はあるが、それ以外

の多くはそれぞれの機能を「つなぐ」ことに必死に知恵を絞っている段階であり、その「つながり」は、今のところせいぜい「契約」のレベルにとどまっている。

生産性の向上はたしかに見られるものの、カルビーや一部コメ事業者などの生産性向上を除けば、まだまだ、経営者の個人的努力に拠るところが大きい。成熟先進国型農業のように他産業と提携して革新を積極的に行う「技術革新型経営」とはまだ言いがたい。コメ事業に関わったり、農商工連携に参加する事業者たちの様子を見ると、チェーンにも恐る恐る参加している様子が見て取れるし、チェーン全体の高度化にも及び腰である。フードチェーン間の「隙間」が、ずいぶんと大きいのだ。

そもそも成熟先進国型農業のフードチェーンが自国の輸出を支えるシステムとして機能しているのに対して、わが国のフードチェーン農業の市場は国内中心で、輸出には概して消極的であることを考えれば、成熟先進国型農業とはかなりの距離がある。

「フードチェーン」という言葉の意味も曖昧にされている。政府が進める「攻めの農政」では、6次産業化を擬似的に「フードバリューチェーン」と呼び支援しているが、このフードチェーンでは、事業主体が農家に限定されているゆえに農家が独力で行う「一人フードバリューチェーン」とならざるをえない。企業との連携が視野にないのでは、自ずから限界がある。

また、フードチェーンを作っている経営は日本ではいまだ例外的でしかなく、非常に少ないことも問題といえば問題なのだろう。先ほど、フードチェーン農業の販売額は最低でも5000万円を超えていると述べたが、5000万円を超える農業者は農業経営体全体の1・23％でしかなく、1億円を超える農業者となると0・48％しかいない。いかにフードチェーン農業の生産性が高いと言っても、しょせんこの少数派のそのまた一部でしかないのだ。

わが国の場合、成熟先進国型のフードチェーン（第1章で紹介したようなフードバレー構想）とはまだ距離があり、力強いとは言えない。フードチェーン農業の数を増やし、1経営体あたりの販売額を増やし、さらに本格的フードチェーンを構築するには、日本には何か重要なポイントが欠けている。

それが何か、と考えはじめてまず気づくのは、わが国の農産物流通構造が、フードチェーン構築に最適化されていない、という点なのである。

農業の成長産業化は流通改革から

日本の農業流通システムにおいては、一部の先進的な経営体を除き、大半の農業者が作った農産物は農協や卸売市場を通じて川下へ届けられる。川下にいる顧客や実需者のニー

図表6-3　日本の農産物流通の流れ

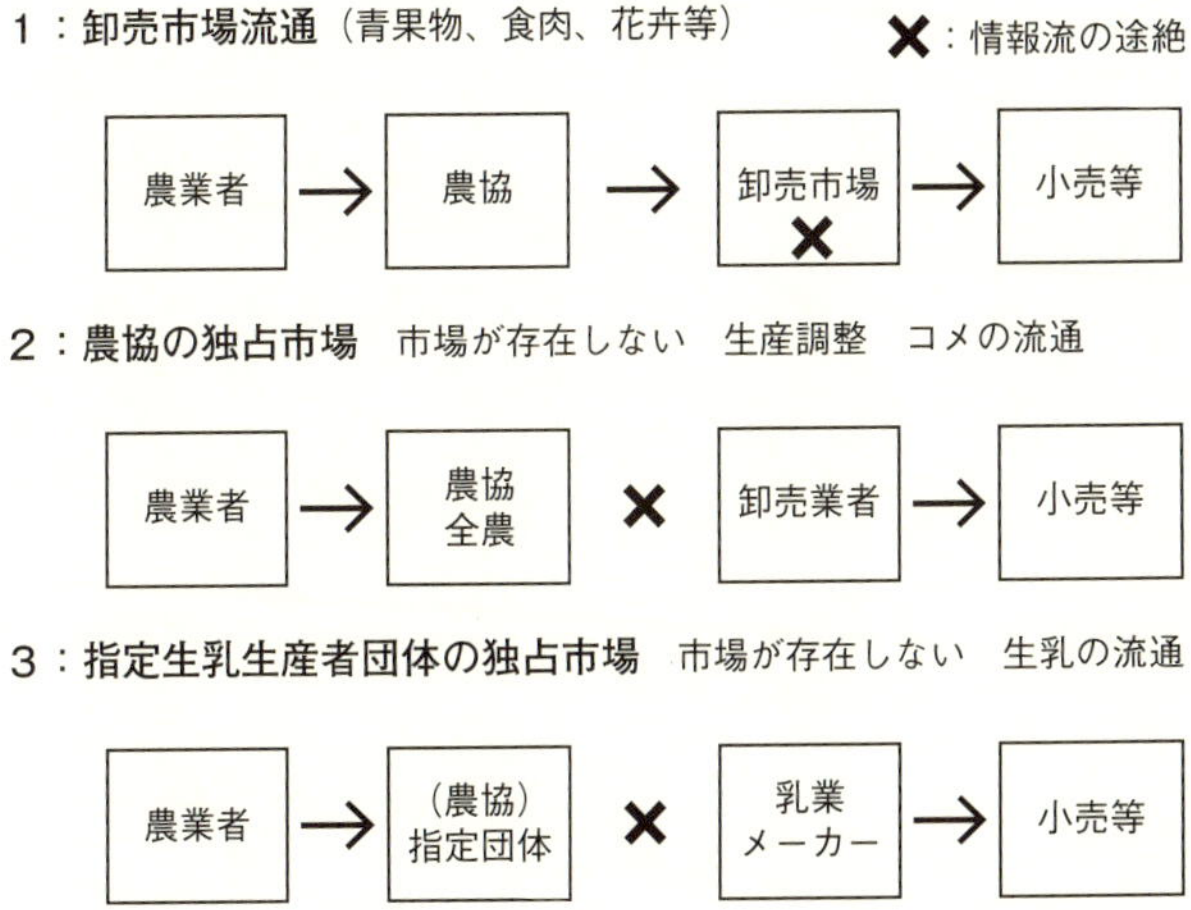

ズ、情報が川上まで伝えられることはほとんどなく、生産者と消費者を結ぶ流通プロセスがどこかのポイントで「分断」されている〔図表6－3〕。

流通の分断の度合いは品目によって強弱の差がある。食肉の世界では早くから企業参入によるフードチェーンの構築例が見られたのに対し、コメや青果での事例が出始めたのはつい最近のことだ。

食肉以外の品目でフードチェーンの構築が遅れたのは、分断が法律で制度化されていたからである。

コメの流通は「食糧法（主要食糧の需給及び価格の安定に関する法律）」によって、野菜、食肉、花卉は「卸売市場法」によって、そして生乳の流通は「加工原料乳生産者補給金等暫定措置法」で定められている。このうちコメと生乳の法律は、そもそもが生産調整を制度化するために設けられたものなので分断の力がきわめて強い。

またこれら3つの流通システムには、生産者サイドと消費者サイドを分断する「機能」がいずれも埋め込まれているという共通点がある。分断は、いずれも図の✕印をつけたところで起きている。

その「機能」とは、野菜や食肉、花卉などの卸売市場制度では、卸売市場内部での「セリ」、コメの場合には、全農と卸の間の「相対取引」での価格交渉、酪農・生乳では、指定生乳生産者団体と乳業メーカーとの間で行われる「乳価交渉」である。

分断された産地サイドにはいずれも農協の「無条件委託販売制度」が機能している。これは農協に出荷する場合、農家は条件をつけずに農協へ委託し、農協は売れた代金をプール計算し出荷量に応じて農家に渡すという仕組みである。この仕組みでは、情報は川上をグルグル回るだけであり、農家には「いくらで売れた」といった情報しか入ってこない。

食料が不足から過剰に転じた時点で、プロダクトアウトからマーケットインに転換し、その過程で分断を解消するチャンスもあったはずだが、結局は転換できずじまいになってしまった。

「農産物は自然条件に左右されるので、実需者が直接調達するのはリスクがある」

「流通期間が短い生鮮品の価格を決めるには、卸売市場スタイルが最適である」

「バイイングパワーを持った川下を相手にするには、産地でまとまって川下への対抗力を強めるべき」

「政府にとっては、補助金を流すのに便利なので産地はまとまっているのが好ましい」

転換できない理由として挙げられるのは、おおよそこのような理由だが、いずれも当を得ているようで、実はどれも幻想にすぎないのではないか。

現に先進的な農業経営者はこうした分断をすでに撤廃し、生産者と実需者が直接につながることのできるシステムを構築できている。課題は、彼らが現実に作り上げているフードチェーンをわが国の流通全般にどう拡大していくかである。その一方で、既存の流通制度を変えるには、フードチェーン農業をもっともっと日本に広げていく必要がある。

それには、もっと多くの企業に農業に参入してもらい、いままでにない知恵、情報、ノウハウを農業に持ち込んでもらうしかない。

企業参入しやすい環境づくりを

本章のひとつの結論は、わが国の農業を成長させるカギは、企業が参入しやすい環境を整備することである――というものである。これは雇用を増やすためにも、また農業経営者を増やす意味でも重要だろう。

ただ、これまでの企業の農業参入をめぐる議論は、企業が農業生産に直接参入するケースばかりが想定されてきた。筆者は、企業の農業参入のあり方は、必ずしもそれだけではないと考えている。その意味で最も注目しているのは、農業生産から食品生産までが一つのプロセスとして融合する、フードチェーンの一端としての参入である。

農産物が食品となり顧客に届くまでの一連のプロセスの中にはさまざまな機能が存在し、そこには企業にも担える多様な機能が存在する。こうした「水平分業によるフードチェーン」の一端を担う形での企業参入が、これからの農業成長には非常に有効であると考える。

問題はこの一連のフードチェーンを誰が作り上げ、誰がマネージメントするか（本書ではその主体を「チェーンマネージャー」と呼んでいる）だが、本章ではこの役割を食品流通業者や製造業者、さらには化学メーカーなどの企業が担っている例を紹介する一方で、農家集団（営農販売会社）でも可能なことを示してきた。

これに対し、企業が直接農業生産に参入する事例（本研究で「垂直統合によるフードチェーン」と呼んだスタイル）も多数あり、これはむしろわが国における企業の農業参入の本筋と言えるものである。

水平分業においては、チェーンマネージャーが試行錯誤しなくてはならない面があるのに対し、垂直統合ではそうした煩わしさはないだけに、自社農場を持つ食品産業は年々増えているし、今後も増加するだろう。ただ筆者は、こうした場合でも、やがては複数の企業が相互の垣根を越えて水平的分業を行うようになるのではないか、と考えている。

いずれにしても、今後重要なのは、農産物生産から食品生産に至るまでのプロセスにどのような機能が存在するかを明確にし、機能ごとにフードチェーンを合理的に編成していくことである。

企業参入と農地所有

先にも述べたように、現状では、企業の農地所有に関する議論が企業参入しやすい環境作りのポイントになっている。この点に関してもひとこと言及しておくと、企業参入と農家による農業との間には、明確な区別ができるほどの違いはなく、したがって企業の農地所有を制限することに、あまり正当性はないと指摘するにとどめておきたい。

現状、企業は農地をリースしてもらう形ならば参入できるが、所有はできない。リースの場合も、地主や周辺の農家の了解を得なければならず、借りられたとしても農家の判断次第でいつでも解消できる仕組みになっている。経営がゴーイングコンサーン（会社としての継続）を求める以上、これはリスクでしかない。

反対に、農業者の事業領域はどんどん広がっている。農地法は農業を「耕作または養畜の事業」「採草または家畜の放牧」と定義しているが、農地所有適格法人（旧来の農業生産法人）には加工、販売を認めているし、政府も6次産業化を推進し、農業者にレストラン、直売所、民宿、都市住民との交流事業など多角化することをむしろ推奨している。農業者がこうした広義の事業を自由に行えるようになっているのに、企業が耕作や養畜といった狭義の農業を行おうとすれば農地を購入することはできず、結局リースという形で迂回するしかない。農地所有適格法人への企業の出資にも規制がある。

企業の農地所有に関し、旧来の農業セクターからは「採算にあわなければ耕作が放棄され、産業廃棄物の置き場となる」などと批判されるが、耕作を放棄するのは企業に限った話ではない。むしろ耕作放棄地解消に意欲的なのは企業や農業法人のほうである。リース方式では、農業から撤退する企業は、借りる前の状態に戻した上での返却が義務化されている。農地を所有した場合も、自治体が間に入り、農業からの撤退時には原状復帰を義務化すれば、混乱は起きないだろう。

シメジを生産するミスズライフ（長野県）はシメジ工場の周辺にある耕作放棄地を確保し、ベビーリーフを生産している。シメジはおがくず、栄養剤、水などを混ぜてブロック状にした「菌床培地」といわれるものにシメジ菌を植えて育てる。栄養分豊富だが、シメジ生産後は廃棄物となってきた。そこで「菌床培地」を土に混ぜて肥料にし、この肥料を使って野菜を作るシステムを作り上げた。このシメジとベビーリーフのコンビ生産は、耕作放棄地が広がる中山間地での農地活用として評価されており、各地から同社に誘致が舞い込み、実際に長崎県や石川県でコンビ生産が始まっている。農地を有効利用する企業が実績をあげることは農業者にも国民にもメリットがあり、マイナス材料は見当たらない。

企業がいままで以上に農業に参入しやすくすることで、他産業とのネットワーク強化につながれば、それがいずれ本格的なフードチェーン構築につながり、日本の農業の成長産業化へとつながっていくはずである。

コラム 6

新しい農業ビジネスモデルのパイオニアたち

内田農場――「100%受注生産」の農業

青山浩子（農業ジャーナリスト）

熊本県阿蘇市にある内田農場は、経営面積約55ヘクタールのうちコメが50ヘクタール、大豆が5ヘクタールという稲作中心の経営体。そのほか作業受託（播種、防除、収穫、農業土木）を60ヘクタールで行っている。主な労働の担い手は内田智也社長と両親を含む5名。これにパート3名が加わる。売上高は約8000万円である。

コメは本当に生産過剰なのか

内田農場の経営上の特徴は、なんといっても作る作物のすべてが受注生産であり、行き先のわからない作物はまったく作っていない点が挙げられよう。きっかけとなったのは、内田氏が就農してすぐにコメを売ろうと焼肉店を訪ねた際に言われた、「おたくのコシヒカリは美味しいが、軟らかくてうちでは使えない」という一言だった。肉を一通り食

内田農場の事業概要図

めざすは企業との連携強化、それを通じた地域の農地活用、持続的経営

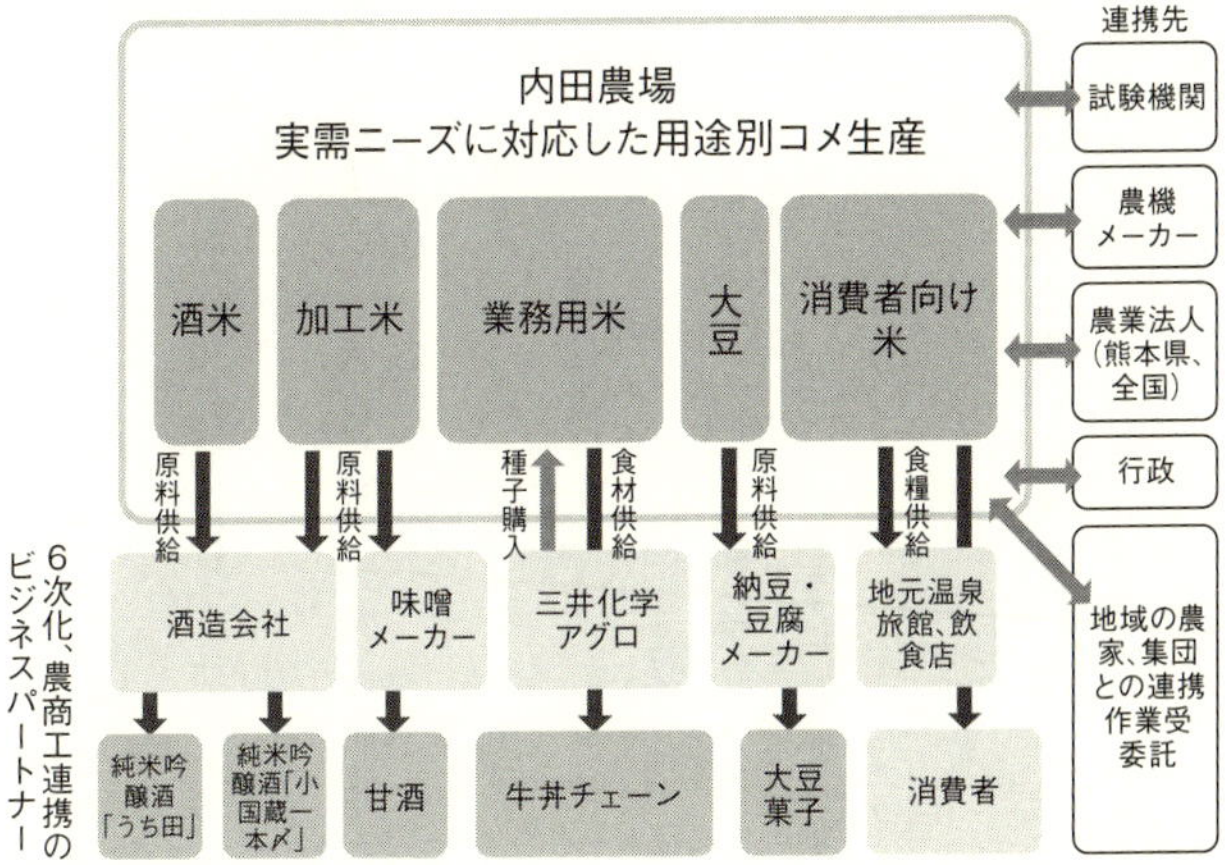

べた後、「シメ」に焼肉をのせて食べるごはんには、少し硬めのコメが合うのだという。こうしたやりとりを通じて、コメも料理や食べ方によってニーズが異なることを実感。実需者が求めるコメ作りに重点を置くようになった。

業務筋が求める品種も取り入れている。その一つが三井化学アグロの開発による「みつひかり」であり、牛丼店をチェーン展開している企業に販売している。

「みつひかり」は通常の交配のコメと異なるハイブリッド米（一代交配種）であり、毎年種子を開発企業から購入して作る。大手コメ卸の斡旋で牛丼チェーンに安定的に販売でき、かつ収量も高いので収益も上がる点が農家のメリットだ。種

子の段階から実需者の手に渡るまでのトレーサビリティが徹底されているため、実需者にとっても安心して使えるというメリットがある。

内田農場では食用のコメだけでコシヒカリをはじめ7品種、酒米でも4品種を栽培。これらを用途別に外食業者、スーパー、酒造会社、味噌・甘酒・豆腐の各メーカーに販売している。地元の宿泊施設や飲食店には直接配達も行う。すべての注文を経営面積に落とし込むと120%にもなり、注文に応じきれないほどだ。

「コメは生産過剰といわれているが実は足りない。需要に応えられるコメであれば余ることはない」と内田社長は言う。

内田社長は、農家として国内で初めて「ごはんソムリエ」（コメに関する知識、炊飯の科学や技術、ご飯の栄養、衛生管理などの知識を有する人に与えられる）の資格も取得している。このキャリアを活かして、「こういう料理にはこのコメが向いている」と営業先に提案するなど、食べる側を起点にしたコメ作りを志向している。

需要に合わせた品種の生産はコスト面でもメリットがある。仮に単一品種の場合、収穫時期が重なり、大型機械を使うか、台数を増やす必要があるが、その点、内田農場では稲刈りが9月初旬から11月中旬まで3ヵ月以上にわたるので1台のコンバインを長く使える。作業時期の分散、機械の稼働率向上という点で有益なのである。

水田、畑作併用の機械活用でコストダウン

「コメは田んぼで作られる」「大豆、麦、ジャガイモといった作物は畑で作られる」と、両者は別々のものと考えられてきたが、最近、稲と畑作物を同じ機械で同じような体系で作ることでコスト削減を図ろうという動きが稲作農家の間に台頭してきた。内田社長もこの実現を目指す経営者の一人だ。

日本のコメ生産者は生産調整や輪作体系として麦、大豆ほかの畑作物も併行して作っている。コメと豆の両方を収穫できる汎用コンバインは一部大型農家が所有しているが、その他の機械は別々だ。そのため面積拡大とともに機械への投資も膨らみ、コストアップにつながっている。

だがコメを畑作用の機械で作ることができれば、投資を抑制できる。乾田直播《かんでんちょくはん》という方法がこれにあたる。苗ではなく、種もみを乾いた田んぼに播《ま》いて育てる方法だ。種を播く前の環境づくりから、実際の播種に至るまで畑作用の機械を使う。機械の稼働率が上がるのみならず、畑作用機械のほうが高速で動くため作業効率もよい。

内田農場では10ヘクタールで乾田直播栽培を行っている。内田氏は「稲作、畑作汎用の機械利用と機械の稼働率向上を目指したい」と抱負を語る。

「のれん分け」で水平展開

実需者のニーズに対応したコメ作り、水田畑作汎用の作業体系に取り組む稲作経営者は内田農場の周辺にも広がっている。

同農場の周辺では田畑やビニールハウスの空き施設が出てきており、同農場の社員が独立する形で、こうした農地の活用に乗り出しているのだ。独立した社員は水稲ではなく、アスパラガスの栽培をメインにしている。繁忙期が互いに異なるため、相互に手伝いに行ける関係も築けているという。内田氏はこうした「のれん分け」によって、独立後も作業や販売面での緩やかな連携をとっていくことが、若い農家の自立的な経営につなげるという点でも、地域の農地活用という点でも現実的な手法だと考えている。だがこうした取り組みをしてもなお、離農のスピードを踏まえるともはや農地を農家だけで守ることは難しいという。内田氏はフードチェーンにかかわる企業とのより一層の連携に注目している。

「たとえば、農家と企業が折半でコメの乾燥調製施設を建てることもありえる。農家は企業の下請けではなく、原料や食材を作る側と使う側というパートナーという考え方に立つと互いに事業を拡大できる。そういうパートナーになれるように我々も努力が必要」と内田氏は言う。

（データはいずれも2013年当時）

おわりに

本書は、経団連（日本経済団体連合会）の公共政策シンクタンクである21世紀政策研究所が主宰した研究会「新しい農業ビジネスを求めて」の成果を一冊にまとめたものです。すでに報告書の形になっていたものに新しいデータを加筆・修正するなどして、このたび現代新書から出版することとなりました。5年後、10年後の日本農業のあるべき姿を具体的かつわかりやすく論じています。

そもそも、この研究会は、大泉一貫名誉教授や本間正義教授といった、日本を代表する農政の専門家から「いま日本農業は大きな変革の時を迎えている」という話を伺ったことがきっかけとなりました。ながらく農政・農協頼みだった国内の農業が変わりつつあり、成長ビジネスとしての農業経営体が日本の各地で誕生・展開しはじめているというのです。そこで21世紀政策研究所ではさっそく農業・農政の専門家、研究者やジャーナリストに集まってもらい研究会をスタート、国内各地で〝新しい農業〟を実践している企業や経営体から話を聞くとともに、オランダやデンマークといった「農業輸出大国」にも出かけ、日本農業の未来について検討を重ねてきました。
本書の最大の特徴——それは、農業政策や現行の制度という視点から、未来の日本が目指すべき、新しい農業の形について浮き彫りにしたことです。

少子高齢化が急速に進む中で、日本の経済、社会は大きな変革期を迎えています。農業も例外ではありません。国内食市場の需要は先細り、農家の高齢化で農作業ができなくなり、農地は耕作放棄地の拡大や住宅地、太陽光発電用地への転用が進むなど、衰退産業の一途を辿っているようにも見えますが、日本の農業は着実に変わりつつあります。
本書には、そうした変革の芽生えを核として、日本が強い農業輸出大国に育つためには何が必要なのか、しっかりと記されています。
日本農業発展の一助になれば幸いです。

21世紀政策研究所所長　三浦　惺

講談社現代新書　2418

２０２５年《ねん》日本《にほん》の農業《のうぎょう》ビジネス

二〇一七年三月二〇日第一刷発行

編　者　21世紀《せいき》政策《せいさく》研究所《けんきゅうじょ》

発行者　鈴木　哲

発行所　株式会社講談社
東京都文京区音羽二丁目一二―二一　郵便番号一一二―八〇〇一
電　話　〇三―五三九五―三五二一　編集（現代新書）
〇三―五三九五―四四一五　販売
〇三―五三九五―三六一五　業務

装幀者　中島英樹
カバー写真　アフロ
本文データ作成　朝日メディアインターナショナル株式会社
印刷所　凸版印刷株式会社
製本所　株式会社大進堂

定価はカバーに表示してあります　Printed in Japan

N.D.C. 610　254p　18cm
ISBN978-4-06-288418-1

「講談社現代新書」の刊行にあたって

教養は万人が身をもって養い創造すべきものであって、一部の専門家の占有物として、ただ一方的に人々の手もとに配布され伝達されうるものではありません。

しかし、不幸にしてわが国の現状では、教養の重要な養いとなるべき書物は、ほとんど講壇からの天下りや単なる解説に終始し、知識技術を真剣に希求する青少年・学生・一般民衆の根本的な疑問や興味は、けっして十分に答えられ、解きほぐされ、手引きされることがありません。万人の内奥から発した真正の教養への芽ばえが、こうして放置され、むなしく滅びさる運命にゆだねられているのです。

このことは、中・高校だけで教育をおわる人々の成長をはばんでいるだけでなく、大学に進んだり、インテリと目されたりする人々の精神力の健康さえもむしばみ、わが国の文化の実質をまことに脆弱なものにしています。単なる博識以上の根強い思索力・判断力、および確かな技術にささえられた教養を必要とする日本の将来にとって、これは真剣に憂慮されなければならない事態であるといわなければなりません。

わたしたちの「講談社現代新書」は、この事態の克服を意図して計画されたものです。これによってわたしたちは、講壇からの天下りでもなく、単なる解説書でもない、もっぱら万人の魂に生ずる初発的かつ根本的な問題をとらえ、掘り起こし、手引きし、しかも最新の知識への展望を万人に確立させる書物を、新しく世の中に送り出したいと念願しています。

わたしたちは、創業以来民衆を対象とする啓蒙の仕事に専心してきた講談社にとって、これこそもっともふさわしい課題であり、伝統ある出版社としての義務でもあると考えているのです。

一九六四年四月　野間省一